エピソードで学ぶ
成年後見人
― 身上監護の実際と後見活動の視点 ―

池田惠利子 編
公益社団法人 あい権利擁護支援ネット

発行 民事法研究会

はしがき

　超高齢社会を迎え、身寄りをあてにできない人が増えています。
　私はこれまで、一人暮らしで認知症のため年金等はあるものの尊厳ある生活ができず、ゴミ屋敷の中で尿だらけで生活していた高齢者や、母親が癌で亡くなった後、せっかく維持できていた在宅での生活をあきらめざるを得なかった障がい者等、成年後見制度に適切に結び付けられなかった方々を多く見てきました。
　そしてそのたびに、家族だけを頼るのではなく第三者の後見人（成年後見人・保佐人・補助人）が、家庭裁判所の下できちんとした制度に則って支援することができれば、本人の尊厳ある地域生活が可能になることを思い「本人のための成年後見制度」の実現を心から願ってきました。
　日本では成年後見制度として法律はできたけれど、この制度が必要な人に支援者としての後見人の支援に結び付けるための公的なシステムや、人材の養成やその支援体制等が整えられていません。
　しかし、一方では「高齢者の問題は自分たち自身の問題」として、成年後見制度を高齢者自身が勉強して自治体を動かし、成年後見センターを立ち上げていくといった地域や市民も出始めているように、この制度への市民の関心も少しずつですが確実に高まっています。
　この本は、これから後見人になりたい、なるかもしれない、なったけれど何をすればよいのかよくわからない……という方に向けて書かれています。
　後見人って何だろう？　成年後見制度って何かを、法律の条文とかではなく、生きている人への「支援」として何をし、どうかかわるのかについて、実際の後見人の姿を通して知りたい。自分が後見人になったら

はしがき

どんなことに気を付ければいいのだろう？

そんな疑問に少しでも応えられ、また指標にしていただくことができたらうれしいと思い、読者がストーリー（事例＝創作を交えて個人が特定できないようにしてあります）を読み進めることによって後見人に求められる役割、姿勢、倫理が自然に理解できることを目指して書かれています（制度についてもっと知りたい場合は、日本社会福祉士会編『権利擁護と成年後見実践』（民事法研究会刊）等を参照ください）。

この本の書き手はみな、それぞれの仕事を通し、判断力が低下して生活や権利、（その一部の）財産を自分で守ることができない高齢者等の状況を見て、権利擁護・成年後見について研修を受け、自ら後見人として活躍している、いけだ後見支援ネットの仲間たちです。

後見人にどんな方が向いているのか、これは「資格」の問題ではありません。

本人は、「私に向き合って私のことを第一に考えて、支えてほしい」と後見人に望んでいるはずです。しかし、被後見人（成年被後見人・被保佐人・被補助人）の立場におかれる方は、それをうまく伝えることができにくい方々であることが多いのです。

一般市民も含めて、そういう方々の「声にならない声」をしっかりと受け止めて後見人として支えたい、そういう志をもった方々をサポートしていけることを心から願って書かれたのが本書なのです。

2010年9月　成年後見法世界会議を目前にして

いけだ後見支援ネット[*]

代表　池　田　惠利子

[*] 現・公益社団法人　あい権利擁護支援ネット（170頁参照）

目　次

第1章　後見人としての基本姿勢

1　後見人は「本人」の支援者です―本人の代弁者であり権利擁護者であること― ……………………………2
2　後見人は、本人の生涯を支える人生の伴走者です―財産管理だけではなく、本人の生活を支える手配等を的確にすること― ……………………………6

第2章　後見人のしごと

ストーリー1　一人暮らしをしていた認知症高齢者のAさんがグループホームを利用するまで ……14

〔エピソード①〕　在宅の一人暮らしを支える方法…………………16
〔エピソード②〕　一人暮らしが難しくなったときの対応…………18
【コラム①】　身元保証人 ……………………………………21
〔エピソード③〕　グループホーム選択のポイント…………………22
〔エピソード④〕　居住場所が変わるときの親族への連絡……………24

目 次

　　　【コラム②】　市民後見人 …………………………………27

ストーリー2　精神科病院に入院していたＣさんが有料
　　　　　　　老人ホームに入所するまで ……………………28

　〔エピソード①〕　関係者への周知や金融機関への届出…………30
　　　【コラム③】　金融機関との付き合い方 …………………33
　〔エピソード②〕　退院後の生活の場を探すときの対応…………34
　　　【コラム④】　有料老人ホームを選ぶときの最低限のチェック
　　　　　　　　　事項 ……………………………………………37
　　　〔表〕　高齢者のすまい ……………………………………38
　〔エピソード③〕　後見事務にかかわる費用の支出方法…………40

ストーリー3　一人暮らしをしている認知症高齢者Ｅさん
　　　　　　　の在宅生活を支援する～サービス利用を中
　　　　　　　心に～ ……………………………………………42

　〔エピソード①〕　介護保険の認定と居宅介護支援事業所の選定……44
　〔エピソード②〕　毎日をどう暮らすのか～ケアプラン作成の
　　　　　　　　　準備 ……………………………………………46
　〔エピソード③〕　ケア会議～あるいはケアプラン作成の会議………48
　〔エピソード④〕　「物を盗られた」という訴えへの対応 …………50

ストーリー4　認知症高齢者Ｇさんが特別養護老人ホーム
　　　　　　　で快適に暮らすために果たした成年後見人
　　　　　　　の役割 ……………………………………………52

　〔エピソード①〕　適切なケアへの要請(1)──居室の変更………54

目次

〔エピソード②〕 適切なケアへの要請(2)──ケア会議…………………56
〔エピソード③〕 インフルエンザの予防接種……………………………58
【コラム⑤】 医療行為への同意……………………………………59

ストーリー5　障がい者施設で長年暮らすIさんの生活を支援する……………………………………60

〔エピソード①〕 重度の自閉症のIさんとの関係を構築していく………………………………………………………62
〔エピソード②〕 施設からの要求に考え込む……………………………64
〔エピソード③〕 家族会との関係を調整する……………………………66
〔エピソード④〕 Iさんの権利を守るために施設と交渉する…………68

ストーリー6　父母を亡くした知的障がい者のKさんを支える……………………………………………70

〔エピソード①〕 相続人の代理人としての対応…………………………72
【コラム⑥】 死後の事務…………………………………………75
〔エピソード②〕 知的障がい者のKさんに父親に代わる活動を保障するために………………………………76
〔エピソード③〕 個別支援計画（ケアプラン）を見極めるためのポイント…………………………………78

ストーリー7　高齢者施設に入所したMさんの不要となった自宅を処分することになるまで………80

〔エピソード①〕 悪質商法に騙されたときの対応………………………82

v

目　次

〔エピソード②〕　施設入所が決まり、自宅が不要となったときの対応……………………………………………84
〔エピソード③〕　家族から金品の請求を受けたときの対応………86
〔エピソード④〕　通帳や印鑑などの保管………………………………88

ストーリー8　Oさん夫婦おのおのに第三者の成年後見人・保佐人が選任されて ……………………90

　【コラム⑦】　連携すべき福祉専門職を知ろう ……………………93
〔エピソード①〕　今後の生活の場の確保………………………………94
〔エピソード②〕　引越しと公営アパートの解約………………………96
〔エピソード③〕　日用品の購入…………………………………………98
〔エピソード④〕　配偶者への扶養請求 ………………………………100

ストーリー9　Qさんの家族後見人から引き継ぐ ……………102

〔エピソード①〕　家族成年後見人からバトンタッチを受ける……104
〔エピソード②〕　成年後見人は家族からの相談に乗れるか？……106
〔エピソード③〕　長女が成年後見人のRさんに遺贈しようとしていた！……………………………………………108

ストーリー10　夫の死後の事務を妻のSさんと成年後見人が行う ………………………………………………110

　【コラム⑧】　生活保護の活用 ………………………………………113
〔エピソード①〕　死亡した夫の葬儀、納骨への対応 ………………114
〔エピソード②〕　相続人の捜索と遺品の整理 ………………………116
〔エピソード③〕　定期報告と報酬付与申立て ………………………118

目 次

ストーリー11 Ｖさんの入退院の手続と、医療への同意 …120

〔エピソード①〕 施設内で転倒し、入院が必要になった …………122
〔エピソード②〕 医師から手術への同意を求められたら？ ………124
〔エピソード③〕 親族から医療について意見を求められたら？ …126

ストーリー12 病院で最期を迎え、死後も成年後見人に
よって支えられた身寄りのないＸさん………128

〔エピソード①〕 施設入所したが「自宅へ帰りたい」としき
りに訴えがある …………………………………130
〔エピソード②〕 入退院を繰り返しターミナルを迎え看とり
の時期に …………………………………………132
〔エピソード③〕 身寄りのない成年被後見人の死亡と死後の
事務 ………………………………………………134
【コラム⑨】 市町村長申立てと成年後見制度利用支援事業 ………137

第3章 後見活動の視点
――基本姿勢を貫き実現するために――

1 本人の「最善の利益」とは何かを探り実現する ……………140
 (1) 本人面談によって、常に本人の意思と状況を確認する ………140
  (ア) どうやって本人意思を確認するのか …………………………140

目　次

　　　㈣　保護との調和をどう図るのか …………………………………144
　　⑵　本人の本人らしい生活の質の向上を目指す ………………………148
　2　他者の支配や権利侵害に注意をむける ……………………………156
　　⑴　権限をもっている後見人自身がまず注意する …………………156
　　　㈦　本人が人生の主人公でいられるように、自分の権限を確認
　　　　　しておく ……………………………………………………………156
　　　㈣　利益相反しないように、強く認識しておこう…………………159
　　⑵　権利侵害等を見逃さず、本人の意思や利益を代弁する ………161
　3　後見人の限界を認識し、独断に陥らずネットワークの
　　　中で活動する ……………………………………………………………165

あとがき――特に市民後見人の方々に期待して ………………168

・執筆者一覧 ……………………………………………………………170

第1章

後見人としての
基本姿勢▶▶▶

1 後見人は「本人」の支援者です
―本人の代弁者であり権利擁護者であること―

　成年後見制度は、①自己決定の尊重、②残存能力の活用、③ノーマライゼーションという新しい三つの理念と、従来からの「本人保護」の理念の調和を掲げています。

　でも、そもそも、その「自己決定」が本当に大丈夫なの？　という方だからこそ、成年後見人がついているわけです。ですから、この本人の「自己決定の尊重」をすることと、本人の安全のために「保護」することの調和はとても難しく、どう調和させるかは成年後見人の永遠のテーマであり悩みどころなのです。

　どうすべきか決断すべきときに、「そうしたいって本人が言うんだから、いいじゃない」と本人の言葉に任せきりにしてしまったり、逆に、本人のことなのに本人は無視して「本人のためなんだから、これでいいの！」と周りが決めつけてしまうことは、簡単ですし、ありがちなことです。

　しかし、何が今、本人にとっての「最善の利益」なのかについて、成年後見人は責任をもって慎重に考える立場にいることを忘れないでください。

　本人の意思は、周囲の世話をしてくれる立場の人に従わざるを得ない状況の中で往々にして無視され、支援者側の意思ばかりが聞こえてくることがあります。支援者側は、どうしても自分たちの責任の重さ等で、「本人のためだから」と安全面を強調し本人の行動を制限することを考えがちです。

　後見人（成年後見人・保佐人・補助人）としては、周囲の言葉だけを

聞くことなく、まず本人の意思をくみ、その立場に立って考えることを第一にしてほしいものです。

そのうえで、安全面や経済面、そして他者とのかかわり等の影響を考え、本人の希望と権利を守れるように考えていっていただきたいと思います。

★本人を支えるって──たとえばこんなこと(1)

Aさんは、これからもずっとこの自分の家で暮らしたいと思っていました。それなのに最近、「火の始末もあやしいんだし、ゴミもちゃんと出せてないから、施設にでも行ってほしい」と高齢者ばかりになってきた近所から声があがっている、と民生委員に言われました。「身寄りがいない人にかかわるのは面倒だし大変でいや」と考えているのか、前にヘルパーにお金を盗られたと思ったので介護保険のケアマネジャーにも相談しましたが、今一つ親身になってくれません。「施設に行くしかないのだろうか……」と不安に思っています。

⇒保佐人がついて、金銭管理だけでなくケアマネジャーを替えて介護保険等もフル活用、地域での見守りシステムも使って自分の家での生活が続けられています。

★本人を支えるって──たとえばこんなこと(2)

私は人気グループの「嵐」のファンです。コンサートに行ってみたいと思っていますが、「いろんな人がいてだまされるかもしれな

いし危ない。料金も高いんだから、ダメ‼」と、私の施設からは外出の許可が出してもらえず行かせてもらえませんでした。「作業所で働いたお金はあるはずなのに……」と、私はあきらめきれない気持ちです。

⇒補助人は、**本人の意思を尊重し施設側と交渉しボランティアの付き添いも手配することで希望が実現しました。今では施設外での生活への希望が少しずつ段階を踏んで実現され、将来はグループホームで生活することもできそうです。**

　成年後見制度は、本人が自分だけではできなかったりできにくい判断や、手続、契約等の法律行為や財産管理を、本人に不利なく本人の意思が無視されず活かされるように、後見人という「人」をつけることによって実現するものです。

　その後見人の活動の目的は、与えられた権限に応じて本人に寄り添いながら、場合によっては本人に代わり意思決定や契約・財産管理等の事務を行うことによって、本人らしい生活の維持を支援しながら、本人の生命、身体、自由、財産等の権利を守ることにあります。

　しかし、権限をもっているということは、本人の人生を決めてしまうこと（「支配」してしまう）にもなりかねないということを、最初に十分理解しておきましょう。

　以下に掲げたのは知的障がいをもつ本人たちの世界会議での発言です。認知症であっても、障がいがあっても、だから「できない、わからない」とはじめから決めてかかることがないようにしたいものです。

　判断するのは後見人だとしても、あくまでも本人の人生を生きるのは本人なのですから。

本人から支援者へ

私達に関することは、私達を交えて決めてください
世話をやくのではなく支援をしてほしい
支援者は注意深く相手の意見を聞いて私達をよく理解する
私達に代わって発言する必要があるときには、許可を求める
可能なときはいつも私達が自分で発言できるよう励ます
私達がどういった選択が可能なのかを理解できるよう助ける
プライバシーに関する私達の権利を尊重する
支援と支配は違うのです

　　　　　国際育成会連盟　第12回世界会議本人会議　1998年

●ここでのポイント●

① 　後見人は、判断能力の不十分の方「本人」を支え、その意思を尊重して生活や人生を支えるマンツーマンの支援者・権利擁護者であることを忘れないようにしましょう。

② 　周囲は、本人を「自己決定できない危ない人」と決めつけがちで、意思をくみとろうとさえもしていないかもしれません。「本人」の支援者である後見人だけは、常に本人自身の「声にならない声」を聴く姿勢を忘れず、本人の意思を尊重し利益を代表していきましょう。

第1章　後見人としての基本姿勢

2　後見人は、本人の生涯を支える人生の伴走者です
―財産管理だけではなく、本人の生活を支える手配等を的確にすること―

　もし、成年後見制度による後見人（成年後見人・保佐人・補助人）の支援を自分自身への支援と考えたとしたら、財産をだまし取られないために管理しておいてもらえさえすればよいと考えるでしょうか。もちろんお金や財産を守ることは大切です。しかし、本人にとって一番大事な日々の生活自体は、これまでの関係者がいれば何の心配もないと言いきれるものでしょうか。今は生活についてはずっとかかわっている支援者もいるので大丈夫としても、これからもずっと変わらず大丈夫なのでしょうか。

　日本では、ますます一人暮らしの単独世帯が増えていきます。また、親族がいたとしても、肉親だけを頼りにしていても、その親族もいろいろな状況を抱えて支援ができないかもしれません。「血のつながり」だけが頼りの社会は脆弱です。

　たとえ身寄りがいなくとも、あるいは身寄りに頼れなくても、第三者後見人として、かけがえのない本人の生命と人生を支えていく必要性があります。そしてそのようなときに、財産は使用すべきものです。

　生活に関係のないほどの莫大な財産をもっている人であれば別ですが、多くの場合、財産はただ金庫にしまっておけばよいだけのものではありません。

　成年後見人の職務については、民法858条に、「生活、療養看護及び財産の管理に関する事務」と定められています（保佐人、補助人について

は権限の関係で定め方が異なっていますが、考え方は同じです）。

つまり成年後見人としてやるべきことは、大きく二つで、

> ①　財産の管理に関すること　⇒　**財産管理**
> ②　生活や療養看護に関すること　⇒　**身上監護**

に分けられます。

成年後見人の職務は、今の成年後見制度になる前の制度（禁治産制度）では財産管理が中心でした。そしてその頃は、身上面に関する事項としては「療養看護」とのみ書かれていて、医療費の支払いなどを中心にしたかかわりのみが考えられていたようです。

しかし、今の成年後見制度においては「生活」という言葉を追加して「生活、療養看護」（＝身上監護）とし、本人の生活全体を考え支える観点が強化されました。

そしてその民法858条は、成年後見人がその職務を遂行するにあたって大事なこととして、

> ・本人の意思を尊重しなければならない　⇒　**意思尊重義務**
> ・本人の心身の状態および生活の状態に配慮しなければならない
> 　　　　　　　　　　　　　　　　　　⇒　**身上配慮義務**

という二つの義務を明記しています。

成年後見人の仕事は、決して財産管理や周囲の方の抱える問題解決のための手続のみではありません。

本人の心身の状態や生活状況をみながらできる限り本人の意思を尊重し、財産を使用して、生活に必要な事項を手配して契約したりすること、

だといえましょう。

> （成年被後見人の意思の尊重及び身上の配慮）
> 民法第858条　成年後見人は、成年被後見人の生活、療養看護及び財産の管理に関する事務を行うに当たっては、成年被後見人の意思を尊重し、かつ、その心身の状態及び生活の状況に配慮しなければならない。

★財産管理と身上監護を一体的に──たとえばこんなこと

　Aさんは70代女性、これまで結婚もせずずっと働き続けたので、月25万円ほどの年金があります。現在は、認知症もありゴミ屋敷状態で今まで住んでいたアパートに住むことができなくなり、市長申立てでBさんが成年後見人になりました。

　Aさんは日常の衣食を整えることも難しいようで、血圧も高いのに医者にも行っていない状況でした。

　また、過去に詐欺などにもあってしまい退職金等で1000万円以上あったはずの貯金も半減し500万円ほどになっていました。

　認知症が進行するまでは、カラオケに行って自慢ののどを披露したりしていたということでしたが、それもできなくなっています。

　Bさんは、まずこれから生活する場を考えなくてはなりません。幸い毎月の年金額がある程度あるので、とりあえず入居金がなくすぐ入れる有料老人ホームに移り、その間にだましとられたお金を取り戻せるように弁護士に依頼したり、きちんと医療にかかれるよう手配しました。しかし、これからの生活をどこでするのかについて

は早急に手配が必要でした。有料老人ホームやグループホームであれば食事の心配もしなくてすみますが、毎月の経費がいくらかかるか、入居金がいくらなのか、財布と貯金通帳をみながら決めなくてはなりません。これから医療費がかかる可能性もあることを考え、残しておかなくてはならない金額も考えておかないとなりません。

　本人は、何カ月かの仮入居先の有料老人ホームの生活で食事がきちんととれるようになると落ち着いてきて、ご自分の希望も「食事はできるだけ自分で作りたい。散歩に出られるような環境の良いところに住みたい」等の意思も出せるようになってきました。

　成年後見人のBさんは、元の生活場所に近く年金額で生活できる食事付きのケアハウスを本人と見学して決め、本人の能力を確認し生活状況を見ながら、今後のついの棲みかを探していきたいと考えています。

　成年後見人は、本人の生活の維持向上を図るため財産管理と身上監護、この二つの事務を行うことになりますが、それは別々に切り離せるものではなく一体的に行う必要があります。

　成年後見人は、本人に無尽蔵にお金があるというわけではない中で、本人の生活を維持するために「お財布をみながら、生活を考える」という財産管理と身上監護を一体のものと考えて、職務に当たります。

　決められた枠内で生計を考え、本人にとってできるだけ快適な暮らしを実現し、家計簿（記録）を付けていくという感覚です。

　財産管理の目的は、本人の状況と今後の生活設計や生活ぶりについての本人希望、療養看護の必要度等の身上監護事項に即して、限りあるお金を有効に使うことだともいえるのです。

● ここでのポイント ●

「財布をみながら、生活を考える」ことで、財産管理と身上監護を成年後見人は一体的にしていきます。

具体的内容としては、定期的に本人と面談をしたり関係者からの情報収集をして本人の意思と状況を常に把握し、その状況に適切に対応するための方法を考え実行していきます。

本人の意思が明確でない場合は、客観的にみて本人の生活の質（QOL=Quality of Life）を向上させる方法を立案実行（最善の利益の追求）することになります。

本人の歴史を知り、本人の生活や何に関心があるかなどの意向や意思を理解して、本人の財産をどう使うのか。非常時等にどのくらい必要と考えておくのか、住む場所や介護や医療等の環境、そして何をして時間を過ごすか（趣味や余暇など）等、本人の年齢やライフステージによっても選択肢は変わってきます。

身上監護・財産管理を一体的に行っていくとは、次のようなことを考えることです

① 現在の生活の状況と毎月の収支・年間収支のバランスをみて適切か考える。

② これからの日常生活にかかるお金（生計）と医療の必要性等（療養看護）を考える。

③　それに伴う生涯収支の予測を立て、できるだけ破たんがないようにする。

④　本人の希望する生活の実現のために、財産を積極的に活用すればできることがあるのかどうかも考える。

　以上いろいろと注意点や心構えなどを書いてきましたが、次の第2章では、実際の話に基づいてそれらを組み合わせて創作したストーリーとその中のエピソードで、実際の後見人の仕事と悩みをみていきましょう。

第 2 章

後見人のしごと ▶▶▶

> ストーリー1
> 一人暮らしをしていた認知症高齢者のAさんがグループホームを利用するまで

ストーリー1

一人暮らしをしていた認知症高齢者のAさんがグループホームを利用するまで

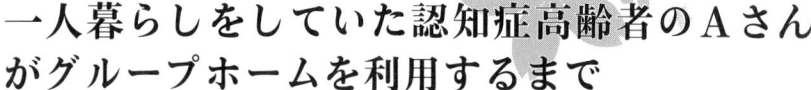

● このストーリーのポイント ●

① 在宅の一人暮らしを支える方法

② 一人暮らしが難しくなったときの対応

③ グループホーム選択のポイント

④ 居住場所が変わるときの親族への連絡

主人公Aさんの生活メモ

〔本人の状況〕

性　　別：男性

年　　齢：85歳

婚 姻 歴：なし

家　　族：なし・一人暮らし

親族関係：弟が近隣市に在住だが交流は途絶えている

介護の必要性：要介護3

収　　入：年金月額約10万円

14 ▶▶▶

〔主人公Aさんの生活メモ〕

財　　産：預貯金約700万円
住　　居：賃貸アパート
疾　　病：脳血管性の認知症、白内障、糖尿病
〔利用しているサービス〕
訪問介護（ヘルパー）による家事援助と身体介護
配食サービス、デイサービス、病院への定期通院
〔関係機関〕
大家、民生委員、行政（高齢福祉担当）、地域包括支援センター

〔成年後見制度利用のきっかけ〕

　賃貸アパートに長年一人で住んでいたAさんは、認知症が進んだことにより、契約更新の手続や更新料の支払いがうまくできません。日々の買い物や金銭管理は何とかできているようでしたが、ゴミの処理がきちんとできずアパートの更新料など多額の金銭の理解が困難なようでした。買ったばかりの食品をゴミとして出している姿を目撃したアパートと同じ敷地に住む大家さんが地域の民生委員に相談したところ、行政の窓口に連絡してくれ、本人の支援のために成年後見制度を利用することになりました。Aさんには家族がいないため市長申立てを行い、第三者のBさんが成年後見人として選任されました。

　Bさんは、Aさんができる限り今のアパートで生活を継続できるよう支援をしましたが、Aさんが日常生活の動作にも不自由となり、また認知症も進んできました。一人暮らしは難しいと、Bさんは判断し、Aさんは認知症対応型のグループホームへ入ることになりました。

ストーリー1

一人暮らしをしていた認知症高齢者のAさんがグループホームを利用するまで

在宅の一人暮らしを支える方法

　成年後見人として選任されたBさんは、月に2回くらいのペースでAさん宅を訪問しています。生活費を届けることをはじめ、Aさん宅に届く郵便物をAさんといっしょに確認したり、健康状態を確認したりして、見守っています。

　Aさんはヘルパーなどのサービスを利用しながらこのアパートでの生活を続けています。「僕はずっと一人で生きてきたから、これからもここで一人で暮らしていきたいんだ」とBさんにも何度か訴えるかのように話してくれました。

　Bさんは、そんなAさんの生活の支援をどのようにするのがよいのか考えました。高齢者の一人暮らしで一番心配なのは、転倒などの事故です。そこでBさんは、介護保険を使って、室内の部屋と廊下との段差などを解消するための改修や手すりの設置を業者に依頼しました。

一人暮らしの高齢者の支援は具体的にどうするのか？

　一人暮らしの高齢者の生活を支援するには、可能な限り住環境を整えておくことが大切です。Bさんは、転倒予防のための住宅改修や手すりの設置を業者に依頼しました。こうした契約は成年後見人が本人を代理

して行うことになります（契約の前に、介護保険の適用につき手続等を確認しておくことが必要です）。

　そのほか、高齢者の場合、夏場に適切に窓を開けられず脱水症や熱中症になる危険もあるためエアコンを設置してヘルパーが室温を調整できるようにしたり、冬場は危険が伴う石油ストーブではなくエアコンを使用するよう、ヘルパーの事業所（責任者）やケアマネジャーに依頼したりすることもあります。

　また、タバコの好きな高齢者の場合、火の不始末に備えて床を燃えにくい材質のものに換えることもします。こうした方法は福祉関係者等やほかの後見人（成年後見人・保佐人・補助人）たちと情報交換をしておくといざというときに役に立ちます。

　常に成年後見人が成年被後見人と生活をともにすることはできません。一方で、成年被後見人の近所に成年後見人が勝手に声をかけるのも個人情報の点で望ましくない場合もあります。大家さんや住宅管理会社、民生委員などに緊急時の連絡先を伝えておくことは重要です。

●公的なもののほかこんなサービスもある

- 警備会社などが提供するサービスで、認知症高齢者や知的障がい者を主に対象としている緊急通報システム（ペンダントやGPS機能をもつ端末を使用）
- 鉄道会社が沿線の住宅地に対して実施している見守りサービス
- 乳酸菌飲料や食事を一人暮らしの高齢者に配達する際に、配達員が見守りや安否確認をするサービス
- 一人暮らし高齢者宅の電気ポットなど家電製品にセンサーを取り付け、それらを使用すると、携帯電話のメールなど指定した連絡先に連絡がくるサービス

ストーリー1

一人暮らしをしていた認知症高齢者のＡさんがグループホームを利用するまで

一人暮らしが難しくなったときの対応

　Ａさんの認知症の症状が進みました。「ヘルパーにお金を盗られたから、ヘルパーは来なくていい」と言うことがあり、実際にヘルパーが訪問しても玄関や窓を開けてもらえないこともでてきました。Ｂさんはそのつど、Ａさん宅で生活費やヘルパーの買い物用の現金をいっしょに確認して、「ぜんぜん盗られたりはしていないから大丈夫ですよ」と伝えて、Ａさんの気持ちを落ち着けるようにしていました。

　また、Ａさんはデイサービスに行って自分が働いていると思い込むようになり、「僕があそこ（デイサービス）へ行って他の人たちの世話をしているんだ」と話すようになりました。Ｂさんは、Ａさんが感じている世界観を尊重して「Ａさんにもっと来てもらいたいとデイサービスの人たちが言っていますが、行く日を増やしますか」と働きかけて、Ａさんの希望によりデイサービスの日を増やしたりもしました。

　その後さらにＡさんの認知症の症状は進み、配食サービスで届いたお弁当も届いたこと自体を忘れてしまい、食事が手つかずのまま置かれていることがみられるようになりました。また室内で転倒することも目立ってきました。

　Ｂさんは、配食サービスの業者に相談したところ、配達時の安否確認だけでなく、保温箱から出して配膳することもできるとのことでしたので、そうしてもらうように依頼しました。ただ、転倒などは避けることができず、Ａさんがこのままアパートで一人で暮らし

〔エピソード２〕　一人暮らしが難しくなったときの対応

ていくのは危険だし、難しいのではないかと悩み始めました。
　Ｂさんは、ケアマネジャーに相談して、福祉関係者や行政職員・民生委員などが集まってケア会議を開いてもらうことにしました。そこで、ＢさんはＡさんの現在の状況を報告し、一人暮らし希望のＡさんにとって今後の生活の最善の方法は何かを皆で協議しました。ＢさんとしてはＡさんの気持ちがよくわかるだけにつらいことでしたが、現在の生活能力のＡさんの生活の場として最善なのは、認知症対応のグループホームなのではないかという結論に至りました。

後見人の悩み❓　一人暮らしから施設への入所へはどう決めたらよいのか？

　在宅から施設へ生活の場を変える必要があるときには、福祉関係者をはじめ、本人にかかわる関係機関と情報を共有する必要があります。ケアマネジャーやヘルパー事業所の責任者などと、本人の生活状況について適宜情報交換することはもちろんですが、ケア会議にも参加することが必要です。
　会議では、成年後見人として本人の希望している生活形態について、関係機関との間に共通理解があるかを確認することや、サービスを提供する事業者ではない成年後見人の立場から、本人の状況を一歩引いた客観的な視点から意見を出していくことも大切な役割です。
　いくら本人が在宅生活を望んでいたとしても、身体的な面や精神的な面の問題が大きくなり、いずれは施設への入所を考えなければならない時期がやってきます。ケア会議など、本人にかかわる関係者が一堂に集

ストーリー1
一人暮らしをしていた認知症高齢者のAさんがグループホームを利用するまで

まるような会議では、施設へ申し込むタイミングなどについて、意見の集約や情報の共有が必要となります。成年後見人の独断で動くと、本人はもとより周囲の関係者も混乱するので注意が必要です。

◉ケア会議でのポイント

- 本人（成年被後見人）の望み・希望がケアプランに反映されているか、そのケアプランが実行されているかをチェックする。
- 本人からの不満や苦情の訴えがあれば、その代弁者の役目を果たす（問題が解決されなければ苦情申立制度（法律行為）を利用する等につながる可能性もあります）。
- 本人の側に立ってサービス内容をチェックする（事業所側の都合でサービスが組まれていないかをチェック）。
- 関係者と現状について共通認識を持てているか、関係機関それぞれの役割分担を確認できているかをチェックする。

〈コラム①〉 身元保証人

身 元 保 証 人

コラム①

　身寄りのない方の場合等、成年後見人が身元保証人になることを求められることがあります。

　もともと「身元保証ニ関スル法律」（昭和8年法律第42号）における身元人は、雇用契約上の身元保証人を意味していて、被保証人による事業者等への損害に対して損害賠償の責任を負うとされています。そのため、身元保証人の条件として「能力者たること（社会的地位や身分資産を有することを含む）」と「弁済の資力」があげられ、身元保証人には私財を提供してでも賠償請求に応じなければならないことが起こりうると理解されます。

　しかし、施設入所や入院に求められる身元保証人については、どの程度までの責務が要求されているのか明確でない場合が多く、単に福祉サービス等の利用料を確実に支払うことを要求されているだけのことがあります。また、被保証人（本人）の重大な過失により、施設や他の施設利用者に与えた損害の賠償責任を問うものであるかもしれません。何らかの理由で施設退所や退院を求められたときの身元引受を求められる場合もあります。

　成年後見人が身元保証人の役割を求められたら、利用料の支払い等については、成年後見人がついていれば責務が果たせることを説明し、成年後見人として署名することが望ましいといえます。すでに、いくつかの福祉施設では契約書に身元保証人の欄がなくなり、法定代理人の署名欄を設けています。

ストーリー1

一人暮らしをしていた認知症高齢者のAさんがグループホームを利用するまで

 グループホーム選択のポイント

　Aさんは、認知症対応のグループホームに入ることになり、まずBさんはAさんにグループホームについての説明をして、いちど見学に行くことをすすめました。地域にある複数の認知症対応のグループホームを調べて、本人といっしょに行って見学をしたところ、1カ所だけAさんが気に入ったところがありました。そこで、Bさんは施設の設備や条件などを確認したうえで、Aさんの成年後見人としてそのホームに入所の申込みをしました。

　Bさんは、施設側から重要事項説明書で説明を受け、入所契約を締結し、入居一時金の支払いをしました。施設のほうはこれで手続は完了です。Bさんは、ほかにどんな手続をしなければならないのか考え、一覧を作成しました。まず行政の窓口にて、住民票の異動届出（転出・転入）を遅滞なく行います。介護保険や国民健康保険、後期高齢者医療保険などについてもあわせて手続をします。年金関係は日本年金機構に転居した旨の通知をします。

 どのように施設を選べばよいのか？
　施設に入所した場合の手続にはどのようなものがあるか？

　グループホーム（施設）に入所する際には本人の収支状況を考慮して、

22 ▶▶▶

中長期の収支見込みを作成しておくとよいでしょう。預貯金を取り崩しながら入所生活を送るような場合には、生活保護を受けるようになっても入居可能な施設なのかどうかを、あらかじめ施設側に確認しておく必要があります。ただし、お金はただ「遺す」ことが大事なのではなく、「本人のために有効に使う」ことも大事です。本人の心身の状況によりますが、本人の意思を尊重し金銭で解決することができるものであれば、可能な範囲で本人の趣味等に有効に使っていくこともできるようにしたいものです。

　また、施設のハード面や雰囲気、職員の対応なども施設ごとに違いますので、入所施設を検討する際には必ず複数の施設を実際に見学するとよいでしょう。入所契約書でＡさんが入院した場合の対応等についても確認し、重要事項説明書とあわせて疑問点は解消しておくようにします。

◉施設入所時の一般的な手順

① 将来にわたった収支予測を立てる。
② 成年被後見人の希望の聞き取り・希望する施設の見学
③ 体験入所
　体験入所の契約・費用の支払い
④ 本入所
　重要事項説明書での説明・本入所の契約・入所一時金の支払い
⑤ 引越しや転居の諸手続・成年後見に関する変更登記（並びに変更後の登記事項証明書の取得）

ストーリー1
一人暮らしをしていた認知症高齢者のAさんがグループホームを利用するまで

居住場所が変わるときの親族への連絡

　グループホームに持ち込むことのできる家財や、Aさんの使い慣れた食器等は自宅からホームに運ぶ手配をしました。荷物を確認しながら、実際にAさんが自宅からグループホームへ移るとなると、いままで助けていただいた方にも挨拶をしておいたほうがいいかしら、などと思っていたら、ふとAさんの弟が近隣の市に住んでいることを思い出しました。

　Bさんは、弟さんに連絡したほうがいいのかしら、と少し悩みました。音信不通だったAさんのことを急に伝えたらどんな反応をするだろう、と。でも唯一の兄弟であるしと思い、Aさんが施設に入所したことを伝えたところ、「実は音信が途絶えていてずっと心配していたんだ」という返事をいただきました。

　Aさんの自宅の整理をしていた際に、アルバムやAさんが趣味で作っていたものと思われる木工の作品が出てきました。アルバムの写真を見ては、Aさんはその当時のことを教えてくれました。また木工を趣味にしていたことなど、普段はあまりしゃべらないAさんが珍しく饒舌になったこともあり、Bさんはグループホームの職員に「木工細工をAさんにさせてもらえないだろうか」という相談を持ちかけたところ、日中の活動にAさんは木工作業をすることが多くなりました。

〔エピソード4〕 居住場所が変わるときの親族への連絡

> **後見人の悩み** 施設入所のことは音信のない親族に伝えたほうがよいのか？

　本人の長い人生の中で、いろいろな事情があって交流が途絶えていたかもしれない親族と連絡をとることには躊躇することもあります。しかし、たとえば金銭関係等でトラブルがあったりした場合や在宅生活の維持のためにめんどうがかかっていた等の場合は、かえって成年後見人がつき施設に入所することで親族が安心し、関係が改善する場合等もあります。成年後見人としても、親族から過去の本人の生活歴や趣味・嗜好、菩提寺などの情報を得ることができたりもします。また、医療の同意権の問題や、本人の遺伝的な情報等については親族に期待せざるを得ないこともあるので、可能であれば近親者に連絡をとり協力を得られるようにしていくことは重要です。

　しかし、最初は警戒されてしまったりすることもあると思いますので、安心していただけるためにことを急がず慎重に報告を重ねていく姿勢が求められます。また、逆に本人に対して不利益があるようなかかわりがされることのないように、こちらも最初は気を付ける必要があります。

　第三者の成年後見人にとって親族間の調整は難しい時があります。まず、財産の内容については、個人情報の点から親族に知らせる必要はありません。また、推定相続人から、相続するべき財産が減らないよう、介護費用などに関する成年後見人の活動について指図あるいは干渉するようにやたらと口をはさんでくることがあります。成年被後見人の生活を心配しているがゆえと親族の口出しに感謝する一方、成年後見人の活動については家庭裁判所の指示に基づいていることを親族に伝えること

▶▶▶25

が大切でしょう。親族が成年被後見人にかかわるうえでの実費については、通常の親族関係では支払われるべきものではありませんが、成年後見人の資産や親族状況によっては本人に益があるなら家庭裁判所と相談のうえ費用を支出することも検討できます。

　いずれにしても、成年被後見人の日常生活で成年後見人の権限が及ばないことや家族のように頻繁にかかわることができない以上、成年被後見人にとって親族のかかわりは大切なものとして、その関係が良好であり続けられるよう成年後見人は配慮していく必要があります。

コラム2

市民後見人

　親族が後見人（成年後見人・保佐人・補助人）に選任される場合には親族後見人、また弁護士・司法書士・社会福祉士などの専門職が選任される場合は専門職後見人とよばれることがありますが、最近は「市民後見人」が注目されています。

　一般的には、「市民後見人」は「一般市民が研修等により後見活動に必要な法律・福祉の知識や実務対応能力を備え、社会貢献として自発的に本人の利益のため誠実に諸活動を行う者」と考えられています。ここでの研修は、大学や社会福祉協議会、NPO法人などが開催していますが、何よりも実務経験や研修後のアフターフォローまできっちりと課程が保証されていることが重要です。また、研修を修了すれば後見人になれるというわけではなく、誰を後見人に選任するかは家庭裁判所が決定します。家庭裁判所が研修修了者を選任するためには、市民後見人に対する支援・監督のシステムが不可欠です。実際研修を修了した市民が後見人として活動している例では、後見活動への助言や相談を受けられる体制の下に活動しています。被後見人（成年被後見人・被保佐人・被補助人）にとっても後見人にとっても安心できる体制づくりが地域で必要になっています。

　いずれにせよ、市民後見人養成研修修了者は、専門職後見人や行政、社会福祉協議会とともに地域の権利擁護あるいは成年後見ネットワークを構築し、その中での一つの役割として、時には後見人としての役割を果たしていくことが期待されます。

ストーリー2

精神科病院に入院していたCさんが有料老人ホームに入所するまで

● このストーリーのポイント ●

① 関係者への周知や金融機関への届出

② 退院後の生活の場を探すときの対応

③ 後見事務にかかわる費用の支出方法

主人公Cさんの生活メモ

〔本人の状況〕

性　　　別：女性

年　　　齢：78歳

婚 姻 歴：なし

家　　　族：母親と二人暮らしをしていたが、母親が数年前に死亡

親族関係：近県に姪がいるが疎遠

介護の必要性：要介護2

収　　　入：年金月額約20万円

財　　　産：預貯金約3000万円

〔主人公Cさんの生活メモ〕

　　住　　居：賃貸アパート
　　疾　　病：統合失調症（精神保健福祉手帳を所持）
〔利用しているサービス〕
精神科病院に入院中
〔関係機関〕
民生委員、行政（高齢福祉担当）

〔成年後見制度利用のきっかけ〕

　Cさんは賃貸アパートに一人で生活していましたが、統合失調症により精神的に不安定になり、服薬の自己管理が難しくなってきました。また、肺に疾患があるため呼吸が困難になり、たびたび救急車で搬送されて入院することが多くなりました。これまでは短期の入院で帰宅できていましたが、そのつど民生委員が家庭訪問をし服薬をきちんとするようCさんを繰り返し諭していました。しかし、数回の入退院を繰り返した後に、自宅では服薬管理が困難で生命の危険があるという医師の判断で精神科病院に長期入院となりました。Cさんも入院が必要であるという医師の説明に納得し同意しましたが、預貯金の引き出しや入院費の支払いなどは長期入院となったCさんでは困難でした。院内での小遣いも不足し始めたCさんは面会に来た民生委員に院内生活での困り感を訴えました。親族がかかわりを拒否したため、民生委員が行政の窓口に相談したところ、市長申立てにより第三者のDさんが成年後見人に選任されました。

　Cさんはアパートに戻りたいと希望しましたが、単身生活ではまた元の生活の繰り返しになるという医師の説明があり、DさんがCさん本人と相談した結果、有料老人ホームを新たな生活の場として決めました。

ストーリー2
精神科病院に入院していたCさんが有料老人ホームに入所するまで

エピソード① 関係者への周知や金融機関への届出

　Dさんが成年後見人に選任されたとき、Cさんは精神科病院に入院している最中でした。Cさんは、賃貸アパートで一人暮らしをしており、家賃を大家さんに毎月持参して支払っていました。Cさんは入院していて家賃を支払えないことを大変気にしています。また、医療費をはじめとする入院中の費用や日用品費（小遣い）などの扱いも心配しています。入院してからというもの、Cさんは銀行には行けず、かといって他の誰かに頼んでCさんの入院費を銀行で引き出してもらうわけにもいかないので、医療費関係も滞納している状況でした。

　Dさんは、できるだけ早くこれらの滞納している分を支払って、Cさんを安心させ、精神的な落ち着きを取り戻すことにつなげたいと考えました。

　そこでまず、成年後見が市長による申立てであったので、申立ての手続をした市の担当者のところへ行き、大家さんや民生委員の連絡先や、Cさんの親族の連絡先を聞くことにしました。そして、大家さんと民生委員にはCさんの成年後見人として挨拶しておいたほうがよいと考えたDさんは、市の担当者に同行してもらうことをお願いして、いっしょに挨拶に出向きました。大家さんには、家賃の滞納状況を確認し、今後の支払いについて打ち合わせをしました。

　次に、Cさんが入院している病院の医事課に電話で成年後見人として就任したことを伝え、本人に面会するために病院へ行った際に、医療費の状況を確認するとともに、主治医や看護師にも挨拶をして

本人の状況をうかがいました。

　入院費をはじめとする各種の支払いなどのために、Ｃさんが口座を開設している金融機関に成年後見人の届出をだしました。その中で、届出の書類にＣさん直筆の署名や印鑑を求めてくるところもありましたが、そもそもＣさんの判断能力がかなり低下しているために成年後見人が選任されているということを、Ｄさんから窓口の担当者に丁寧に説明したところ、少し時間はかかりましたが、Ｃさんの署名や印鑑は不要ということを理解してもらうことができました。

　また、親族に対しても、連絡のとれる方々には電話や手紙でＣさんの成年後見人に就任したことを伝え、成年後見人の役割について説明をしました。

> **後見人の悩み**　成年後見人になったことの関係者への周知や、金融機関への届出はどうしたらよいのか？

　各種の未払費用などについては、申立ての書類の中にその内訳が記されていることが多いので、申立人にその内訳を確認する必要があります。家賃の支払いがある場合は、大家さんに成年後見人として就任したことを説明し、今後の家賃の支払方法（手渡し・振込みなどの手段や期日等）について再確認します。このように本人とかかわっている関係者と打ち合わせをするとき、申立てにかかわった人から関係者に連絡をしておいてもらうと、その後の対応がしやすくなります。Ｄさんの場合、市の担当者にいっしょに挨拶に出向いてもらうことで、大家さんに安心して対応してもらえることにつながっています。

> ストーリー2
> 精神科病院に入院していたCさんが有料老人ホームに入所するまで

◉金融機関への届出

　金融機関への届出については、Cさんがもともと使用していた金融機関に届出をすることはもちろんですが、その金融機関がかなり遠方で不便だったりするようなときには、Dさんの利用しやすい場所の金融機関に新たに成年後見人として口座を開設することも可能です。

　通帳の名義は、「C　成年後見人　D」という名義になり、届出印はDさんの印鑑になりました（銀行によっては「D」だけのところもあります）。

　金融機関への届出に一般的に必要なものは、以下のとおりです。

- 登記事項証明書
- 成年後見人の届出印
- 成年後見人の身分証明書（運転免許証など）

そのほか成年後見人の実印と印鑑証明書を求めてくる銀行もあります。

　預貯金の払戻しは、通常は成年後見人の届出印と通帳を使用して窓口で払戻しをすることが一般的です。しかし金融機関によっては、成年後見人に代理人カード（キャッシュカードと同じようなもの）を発行してくれるところもあります。この場合はATMで振込みや払戻しなどの利用が可能です。また、届出をした支店でしか払戻手続ができないという制約のある金融機関もあります。

◉預貯金等の管理の留意点

　成年後見人（Dさん）は、成年被後見人（本人Cさん）の財産を、安全に管理することが求められています。元本割れの可能性の高い投機的な運用（ハイリスク・ハイリターンな投資）などは原則として認められません。

金融機関との付き合い方

　後見人（成年後見人・保佐人・補助人）が金融機関等との取引について代理権が付与されたとき、後見人は金融機関とやり取りをすることになります。しかし、実際は、金融機関によって対応がさまざまで後見事務を行っていくうえで困惑することがあります。

　金融機関の窓口で後見人に選任されたことの届け出をするうえで必要とされる書類も異なることがあります。基本的には、登記事項証明書と成年後見人自身の本人確認のため書類の提出が求められます。成年被後見人に関する本人確認書類としては、登記事項証明書は官公庁から発行された書類で、成年被後見人の氏名・生年月日・住所・本籍が記載され本人確認書類であるにもかかわらず、成年被後見人の免許証や障害者手帳等を要求されることがあります。また、登記事項証明書については写しで十分であるはずですが、いまだに原本を求めるところがあります。また、成年後見人の本人確認書類としては、運転免許書の提示で十分と法律学者は指摘していますが、成年後見人の実印と印鑑証明書の原本の提出を求めるところがあります。登記事項証明書にしても印鑑登録証明書にしても、原本提出には取得のための実費を成年被後見人に請求することになってしまいます。今後のスムースな後見実務のために、窓口でのその場限りの都合でなく、①代理人カードの発行、②口座名義、③取引店舗以外での払戻しができるか等について、その金融機関の約款に則った説明を受け、適切に交渉をしていくことが重要です。

ストーリー2

精神科病院に入院していたＣさんが有料老人ホームに入所するまで

エピソード②　退院後の生活の場を探すときの対応

　Ｃさんは入院生活が3カ月を超えて、すっかり精神科病棟での療養生活に慣れてしまい、「ここから動きたくない」、「この病院にずっといたい」と言うようになっていました。Ｄさんからみると、多床室でプライバシーもなく（個人の自由も制限され）、トイレや談話室までの距離も長く、決して良いとはいえない環境でしたので、Ｃさんの言動にＤさんは戸惑いました。

　Ｃさんはこれまでもたびたび精神科の病棟に入院したことがありましたが、いつも入院する病院では、Ｃさんの言うことに看護師やケアの職員が時間をかけて耳を傾けてもらえないとＣさんは感じていました。しかし、今回の入院先は初めての病院だったのですが、病棟のつくりは悪くても、看護師やケアの職員の対応が丁寧だったことから、Ｃさんはずっと入院したままがよいと感じたのでした。

　逆にＤさんは生まれて初めて精神科の病棟に来たので、その療養空間が特殊なものに思えるのでした。Ｃさんはコミュニケーションがとれない人ではなかったので、Ｄさんとしてはもう少しＣさんに適した生活の場があるはずだという思いもあり、Ｄさんの予想に反してＣさんがこの精神科病棟から動きたくないと言ったことに驚きと戸惑いを感じたのでした。しかし、Ｄさんの価値観をＣさんに押し付けることはせずに、Ｃさんの世界観をできるだけ尊重しながら時間をかけて理解しあうように努めました。

　主治医からＣさんには、「精神面での症状は落ち着いているので、もう入院加療の必要はない。今後は内科・精神科にそれぞれ月1回

〔エピソード2〕 退院後の生活の場を探すときの対応

か2回通院すれば大丈夫」という説明がありました。

病院の医療相談員からもCさんに「もう入院を続ける必要はない」ということを説明してもらい、Dさんも今後の生活の場に関して、Cさんとよく相談することにしました。Cさんに自宅で生活していた頃の話を聞くと、「一人で寂しくて、すぐ近くの大家さんのところへ行って、いっしょにお茶を飲んだりおしゃべりをしていた」、「近所のスーパーやコンビニへ買い物に行くのが好きだった」、「可能ならば、そういうことができる場所のほうがいい」ということがわかりました。そこでDさんは、病院にいるよりも、別のところへ移ったほうがCさんの希望する生活ができると思われることをイメージがもてるように説明しました。

自宅へ戻ることや、施設で生活することのそれぞれのメリット・デメリットをCさんに丁寧に説明したところ、Cさんは介護付有料老人ホームを見てみたいという気持ちになりました。

> **後見人の悩み** 退院後の生活の場を選定するには、どうすればよいのだろうか？

一般的に入院加療の必要性がなくなった時点で、病院側から退院の要請があります。退院後の生活の場としては、高齢者の場合には以下のようなところがあります。

- 自宅に戻って在宅生活
- 療養型の病院
- 介護老人保健施設

▶▶▶ 35

ストーリー2
精神科病院に入院していたCさんが有料老人ホームに入所するまで

- 特別養護老人ホーム
- 有料老人ホーム
- 認知症対応型グループホーム　　など

　本人の身体面・精神面・要介護度などを考慮して、在宅生活復帰を目指すのか、あるいは将来にわたってずっと施設生活をしていくのかといったことを、本人はもちろんのこと、主治医や医療相談員の意見も聞いたうえで、総合的に判断します。

●介護付き有料老人ホーム

　介護付有料老人ホームはその名のとおり、介護が必要になった場合でも、引き続きその施設で生活しながら介護スタッフの介護サービスを受けることが可能な有料老人ホームのことで、「介護付（ケア付）」と表示されている有料老人ホームのことです。

　これに対して、介護が必要になったら退去しなければならないという規定になっている有料老人ホームもありますので、注意が必要です（健康型有料老人ホームともいわれます）。

●有料老人ホームを選ぶときのチェック事項

　有料老人ホームを選ぶ際には、入居費用も高額になるため、慎重に対応しましょう。

　一番大切なことは、本人（成年被後見人）がそのホームを気に入るかどうかです。そのうえで、最低限次頁の点に注意します。

> ★本人といっしょに複数の有料老人ホームを実際に見学して、できれば体験入居をしてみたうえで決定するほうがよいでしょう。

コラム4

有料老人ホームを選ぶときの最低限のチェック事項

　たくさんお金を出しさえすれば、本人にとって快適で安心なホームだといえるものではありません。本人の現在の状態と今後を考えながら安心して安定してみてもらえる施設を選ぶことが重要です。

① 入居にかかる費用（入居一時金や毎月の利用料）は納得でき、本人の資産状況にあっているか。
　・退去時の入居金返還基準はどうなっているか。
　・施設利用料に含まれるものと含まれないサービスは何か（通院の付き添いは別料金か等）。

② 医療との連携体制は？　病気や健康上の注意や通院等の対応は？　医療が必要となった場合にどこまで看てくれるのか。
　・協力医療機関や訪問医の状況、医療との連携体制
　・日常的な健康管理体制や通院と、緊急時の体制
　・呑み込み（嚥下）や咀嚼の機能低下に対応できるか。看とり介護はしてくれるのか、どんな状態になると退去が求められるのか。

③ 運営主体は、信頼できる事業実績や理念をもち、経営状況は大丈夫か。

④ スタッフやケア体制は大丈夫か。
　・介護スタッフ・看護スタッフの人員配置　1：1.5　1：2等
　・夜間体制はどうなっているのか、有資格者が相談員にいるか。
　・スタッフが短期間でやめていく等、人の出入りが多くないか。

> ストーリー 2
> 精神科病院に入院していたCさんが有料老人ホームに入所するまで

- スタッフの態度、入居者へのかかわり方に好感がもてるか。
- 地域のボランティアなどを入れて風通しの良い施設か。

⑤ ホーム全体や屋内外の雰囲気、生活スタイル等に本人がなじめるのか、本人の趣味と合うサークルやイベントはあるか。

〔表〕 高齢者の住まい

区分	名称	概要	生活支援サービス
住宅	高齢者専用賃貸住宅（高専賃）	高齢者のみを入居対象とする賃貸住宅。生活支援・介護サービスが「ない」から「ある」まで幅広い	なし、又は別契約であり
施設	軽費老人ホーム	本人の収入に応じて低額な費用で基本的な生活支援サービスを受けながら、自立した生活を送ることができる住まい。A型、B型、C型によって費用もサービスも違うのでまず相談が必要	あり
	介護付有料老人ホーム	「介護付」は特定施設入居者生活介護の事業者指定を受けた有料老人ホーム。入居時自立から要介護まで幅広いタイプがある	あり
	住宅型有料老人ホーム	食事等の生活支援サービスは付くが、介護は別契約で外部の介護サービスを利用	あり
	健康型有料老人ホーム	食事等の生活支援サービスは付いた有料老人ホームだが、介護が必要になると原則退去	あり
	特別養護老人ホーム	要介護1以上が対象で、生活支援・介護サービスが提供される	あり
	老人保健施設	要介護1以上が対象で、病院と自宅の中間施設的位置づけ。介護・看護・リハビリが受けられる	あり
	療養型医療施設	要介護1以上が対象で、長期の療養が必要な場合、介護も含めてサービスが提供される	あり
	認知症グループホーム	認知症の方で要介護1（一部要支援2）以上が対象 9人1単位で家庭的な共同生活を送る	あり

〈コラム④〉 有料老人ホームを選ぶときの最低限のチェック事項

・入居者の平均年齢は何歳くらいで平均介護度はどうか。
⑥ 居室や共用スペース、浴室は本人の状態で利用ができるか。
⑦ 立地は、本人になじみある土地か、散歩できる等の条件や交通の便などはどうか。

介護サービス	入居時の一時金	月額費用	情報入手先等
外部の介護サービスを利用、又は特定施設入居者生活介護の場合はスタッフにより提供	敷金・礼金等。一部家賃の前払いや一時入居金、生活支援サービスに関わる一時金	（家賃）約7万円〜15万円	・都道府県・市区町村の高齢者住宅窓口 ・高齢者住宅財団ホームページ ・民間不動産業者
外部の介護サービスを利用、または特定施設入居者生活介護の場合はスタッフにより提供	0〜数百万円等	約7万円〜15万円	・都道府県の高齢者施設担当課 ・市区町村の福祉課
施設スタッフにより介護サービス提供	0〜数千万円等	約15万円〜30万円	・都道府県の高齢者施設担当課 ・WAMNETホームページ ・㈳全国有料老人ホーム協会
外部の介護サービスを利用			
なし			
施設スタッフにより介護サービス提供	不要	約5万円〜15万円	・都道府県の高齢者施設担当課・介護保険担当課 ・市区町村の福祉課 ・WAMNETホームページ
		約6万円〜16万円	
		約7万円〜17万円	
	ホームによる	約12万円〜18万円	市区町村の福祉課

ストーリー2
精神科病院に入院していたＣさんが有料老人ホームに入所するまで

エピソード③ 後見事務にかかわる費用の支出方法

　成年後見人としてＤさんは、Ｃさんの希望に沿うような有料老人ホームを数か所ピックアップして、Ｃさんといっしょに見学に行きました。Ｃさんは少し歩くと持病の肺の疾患で息がすぐに苦しくなってしまうことから、移動はタクシーに乗っていきました。時間帯によってはＣさんが休憩したくなって、ファミリーレストランに寄ってお茶を飲むこともあります。Ｃさんの内科の定期受診の際は、ヘルパーに付き添いを頼んでいましたが、有料老人ホームを見学する際には、Ｄさんが必ず付き添うようにしていました。

　また、統合失調症からくるＣさんのこだわりがあり（立地条件や居室の環境など）、当初考えていたホームは、Ｃさんが「ここに入所したい」という結論を出すことはなく、さらに多くの施設を見学することになりました。

　有料老人ホームに無事に入所した後も、「アパートにあるアルバムを取ってきたい」、「大家さんにもきちんと挨拶をしたい」等々や家財の処分もあり、毎月１回くらいは自宅アパートにＤさんはＣさんに同行し、付き添っています。

　これらの付き添いなどもあり、後見事務を遂行するにあたって、Ｄさんは多くの出費をしなければなりません。予想外の支出がかさみ、後見事務費を立替払いし続けるのも負担になってきました。

〔エピソード3〕 後見事務にかかわる費用の支出方法

> **後見人の悩み** 後見事務に係る費用の負担や支出はどのように精算すればよいのだろうか？

　成年後見人が後見事務（仕事）をするにあたって生じた費用（必要経費）は、本人の財産から支出してよいことになっています。具体的には、①成年後見人が年間を通して必要経費を立て替え続けて、後見事務報告・報酬付与の申立てのときに、必要経費を精算する方法もありますし、②月末ごとに締めて毎月精算する方法もあります。本人の入出金の管理については簡単な出納簿をつくることが必要で、支出した事務費用の領収書は必ず保管しておくようにしましょう。

　ただし注意しなければならない支出もあります。エピソードの中にあるようなレストランでの飲食時では、Ｃさんの財産から支出してよいのは、あくまでＣさんが飲食したものだけになります。Ｄさんが飲食した分はＤさん自身のお財布から支払わなければなりません。施設などの行事以外で、Ｃさん本人の楽しみのための外出やお花見、お墓参りなどの際の飲食等についても同様です。

●必要経費って、どのようなもの？

- 面会に行くための交通費
- 役所や銀行などへ手続に行くための交通費
- 書類などを郵送するときの切手代や登記事項証明書などを請求するときの印紙代など
- 振込みにて支払う際の振込手数料　など

ストーリー3
一人暮らしをしている認知症高齢者Eさんの在宅生活を支援する～サービス利用を中心に～

ストーリー3

一人暮らしをしている認知症高齢者Eさんの在宅生活を支援する～サービス利用を中心に～

● このストーリーのポイント ●

① 介護保険の認定と居宅介護支援事業所の選定

② 毎日をどう暮らすのか～ケアプラン作成の準備

③ ケア会議～あるいはケアプラン作成の会議

④ 「物を盗られた」という訴えへの対応

主人公Eさんの生活メモ

〔本人の状況〕

性　　別：女性

年　　齢：78歳

婚 姻 歴：あり　夫は成年後見人就任前年に他界　子どもなし

家　　族：なし・一人暮らし

親族関係：甥が他県に居住しているが交流はない

介護の必要性：あり

収　　入：年金月額約11万円

〔主人公Eさんの生活メモ〕

```
財　　産：預貯金約400万円
住　　居：マンション
疾　　病：右大腿部頚部骨折、認知症
```
〔利用しているサービス〕
総合病院入院中
〔関係機関〕
病院の医療相談員、地域包括支援センター、
行政（高齢福祉担当）

〔成年後見制度利用のきっかけ〕

　Eさんは、前年夫が他界してから一人暮らしをしていました。民生委員がある日訪問すると、郵便物が届いたけど内容がわからないと相談を受けました。台所には分別できないままゴミが置かれています。民生委員は心配して、担当地区の地域包括支援センターへ相談しました。担当の職員が本人と面談、成年後見制度の利用が必要な状態にあると判断し、本人の意向を確認して申立てを支援することにしました。甥の協力が得られないことから市長申立てとなり、Fさんが成年後見人として選任されました。

　Fさんが選任されてすぐのこと、Eさんは外出先で転倒し救急搬送、右大腿部頚部骨折と診断されそのまま入院となりました。手術後のリハビリによって、杖を使用すれば歩ける見通しがついてきました。

　Fさんは、Eさん自身が「家に帰りたい」と在宅復帰を強く望み頑張ってリハビリしていることや、サービスを利用して環境を整えれば在宅復帰の可能性は十分にあるとの医師の意見をもとに、病院の医療相談員と連絡をとりながら必要な手続を行いました。

ストーリー3

一人暮らしをしている認知症高齢者Eさんの在宅生活を支援する〜サービス利用を中心に〜

エピソード① 介護保険の認定と居宅介護支援事業所の選定

★退院後のサービス利用に向けて〜はじめの一歩〜

　Fさんは、Eさんの在宅後のサービス利用のために行政の介護保険担当窓口へ行き、要支援・要介護認定の申請手続をしました。結果は要介護2でした。ケアプランを作成する居宅介護支援事業所を選ぶ際に、どこの事業所を選んだらよいのか困ってしまい、申立てにかかわった地域包括支援センターに相談しました。

　担当の職員から、最近ではLとMという二つの事業所から受け入れ可能との情報を得ていること、どちらもEさんの自宅から近く、これまでに地域の方が何人か依頼していることなどを教えてもらいました。

　Fさんは、2カ所の事業所を訪問して、どちらと契約するか検討することにしました。どちらの事業所の責任者も丁寧に応対してくれて、契約書・重要事項説明書の説明もわかりやすかったのですが、L事業所は土日も職員が交代で勤務しているのに対して、M事業所は土日は携帯での対応になるところが気になりました。Fさんは、Eさんが一人暮らしで認知症があることから、安心して依頼できるのはL事業所のほうではないかと思いました。そこでL事業所に依頼してEさんに会ってもらったところ、Eさんの受け入れは良くて「お願いします」との言葉もあり、契約をしてケアプランを作成してもらうことにしました。

〔エピソード１〕 介護保険の認定と居宅介護支援事業所の選定

> **後見人の悩み** どのように居宅介護支援事業所を選べばいいの？

　介護保険のサービス、および介護保険を含めたサービスを利用するためには、まず要支援や要介護の認定を受ける必要があります。そして、「ケアプラン」というサービス利用の計画を作成し、利用に係る所定の手続をすることで実際のサービス費用の１割負担でサービスが受けられることになります。このケアプランを作成し利用に係る所定の手続をするには、ケアマネジャー（介護支援専門員）という居宅介護支援事業所に所属する専門の人に依頼するのが一般的です。

　ケアマネジャーへ依頼するには、居宅介護支援事業所との契約が必要になります。事業所一覧の冊子などで情報を得る方法はありますが、どこの事業所を選んでよいかわからない場合は、本人の居住する地域を担当する地域包括支援センターあるいは在宅介護支援センターに相談する方法があります。これらのセンターは総合相談窓口になっており、複数ある事業所の中から適当と思われる事業所を絞り込んで情報を得ることが期待できます。また、後見活動をしている先輩などで、ケアマネジャーの情報をもっている人がいたら聞いてみてもよいでしょう。

　選定のポイントは、「説明はわかりやすいか」、「介護保険のサービスだけでなく、本人の実情に合ったトータルなケアプランを作成してもらえるか」、「連絡や相談がしやすい体制にあるか」などが挙げられます。それらが、本人も成年後見人も安心して依頼できるかどうかの選定の鍵になるでしょう。

ストーリー3

一人暮らしをしている認知症高齢者Eさんの在宅生活を支援する〜サービス利用を中心に〜

エピソード② 毎日をどう暮らすのか〜ケアプラン作成の準備

★在宅復帰に向けて〜サービス利用の準備〜

　FさんとEさんは、契約したL居宅介護支援事業所のケアマネジャーとケアプラン作成について打ち合わせをしました。

　ケアマネジャーは本人の意向や状態を聞き、介護保険サービス、市町村サービス、場合によってはそれ以外のサービスの組み合わせが必要になることを説明しました。そして、退院後の生活に向けて、病院の関係者と必要となるサービスの関係者に集ってもらいケア会議を開くことを提案しました。

　Eさんは、「家（マンション）を守らなければならないのです。帰れるように、よろしくお願いします」と言いました。

　ケアマネジャーは、以下のサービスと手続の紹介をしました。

①　訪問介護（ヘルパー派遣）
②　訪問看護（看護師の派遣）
③　通所リハビリ（施設に通ってリハビリ）
④　福祉用具レンタル（ベッドや手すりなどを借りる）
⑤　配食サービス（食事の配達と安否確認）
　　※①〜④介護保険サービス　⑤市町村サービス

　介護保険サービスでは事業所との契約が必要になるため、Fさんは紹介された事業所の契約内容を確認しておくことにしました。

〔エピソード2〕 毎日をどう暮らすのか～ケアプラン作成の準備

> **後見人の悩み**
> 重要事項説明書・契約書をみるポイントってなに？
> 市町村サービスの手続はどこでするの？

　介護保険のサービスは、サービスを提供する事業所ごとに契約を結ぶ必要があります。契約は重要な成年後見人の法律行為です。

　重要事項説明書や契約書をみるポイントは、契約の目的・期間、サービス時間、1割負担分の利用料、利用料以外の諸費用の有無（交通費や日用品費など）、キャンセル料、緊急時の対応、解約の場合の手続、苦情窓口が挙げられます。特に、支払いが発生する内容や重要事項説明書・契約書以外の書面のやりとりについては、よく確認をしておいたほうがよいでしょう。なお、親族がいない等の場合を含め緊急時の対応については、ケア会議で確認して関係者間で共通の認識をしておくとよいと思います。

　契約内容で不明な点があれば、事業所に率直に聞いてみましょう。もし、契約内容が適切なものかどうか疑問が生じたら、ケアマネジャーや行政の介護保険担当などに聞いてみるとよいでしょう。契約内容を理解し、納得してからサインすることが大切です。

　市町村のサービスは、サービスによって行政の担当窓口で直接手続するもの、地域包括支援センターなどの行政と関係する機関で手続するもの、どちらでもできるものとがあります。

　介護保険も市町村のサービスも種類はさまざまですし、利用に至る流れはサービスによって異なります。ケアマネジャーと相談をしながら手続を進める一方で、成年後見人自身も行政の窓口で冊子を取り寄せるなどして情報収集に努めましょう。

ストーリー3

一人暮らしをしている認知症高齢者Eさんの在宅生活を支援する～サービス利用を中心に～

エピソード③ ケア会議～あるいはケアプラン作成の会議

★在宅復帰に向けて～利用計画（ケアプラン）作成の会議～

　ケア会議は病院で行い、Eさん、Fさん、病院の医療相談員、ケアマネジャー、そして事業所の責任者など利用予定のサービスを担当する人たちが参加しました。

　Eさんは、自宅に戻れば買い物や炊事などをこれまでのようにしていけると思い希望しています。しかし、病院関係者からの情報では本人ができると思っていてもできないこともあり、リスクもあることをFさんは確認してあります。杖を使用しており歩行が不安定で転倒の危険や、物忘れによる火の消し忘れのおそれ等の心配もあり、それらについての検討も必要なのです。Fさんは、自分自身や関係者の心配だけでEさんの意思を阻害しないよう留意しながら、Eさんが伝えきれない気持ちを補い、在宅生活の支援を求めました。

　話し合いでは、一日最低1回は本人の状態が確認できるようにサービスを組み合わせることや、本人の安全を図りながら支援していくことなどが具体的に話し合われました。

　会議終了の際にEさんは、「ありがとうございます。これで家に帰れます」と涙を浮かべました。

　Fさんは、介護保険のサービス提供事業所との契約や市町村サービスの申請手続を行い、ケアマネジャーが会議に基づいて作成したケアプランの内容確認と同意のサインをしました。

　Eさんはケア会議の1週間後に、夫と暮らしたマンションに帰ることができました。

〔エピソード3〕 ケア会議～あるいはケアプラン作成の会議

> **後見人の悩み**
> ケアプラン作成やケア会議に臨む心構えや準備は？
> 成年後見人はケア会議に出席しなければならない？

　在宅サービスを利用する場合のケアプラン作成では、本人と本人を支援する人たちが集まり、本人の希望や生活状況などをもとに話し合いながら、介護保険のサービスや市町村のサービスなどから必要なサービスを組み入れて作成していきます。

　成年後見人は、本人がどのような生活を望んでいるのか、生活上どのような課題があるのかを、本人の立場に立って出席者に伝えていくことが大切になります。そのためには、事前の準備として、本人の話を聞き意思（気持ち）をくみ取ること。また、家事等身の回りのことへの課題はどうかなど、入院中であれば病院関係者から聞いて情報を得ておくことが大切と思います。本人が「したい」ということであればこそ、リスクについて冷静に情報を集め判断することが必要です。

　会議では、どのサービスをいつ利用するのか、具体的にどのような援助を行うかなど、週間・月間のスケジュールを立てていきます。

　話し合いの中では、本人が望まないサービスや本人ができることを阻害してしまうような援助の提案があるかもしれません。成年後見人は、本人にとって強制的なものとならないように、本人の意思を反映した適切なサービスが提供されるように努める必要があります。また、サービス内容や費用等の確認も大切であり、会議への出席は必須です。

　サービス開始後は、ケアプランどおりにサービスが提供されているかチェックし、気になることや改善の必要があるときには関係者に伝えていくのも成年後見人の役割ですので、心得ておきましょう。

ストーリー3
一人暮らしをしている認知症高齢者Eさんの在宅生活を支援する〜サービス利用を中心に〜

エピソード④ 「物を盗られた」という訴えへの対応

★「物を盗られた」と言われたら……

退院して数カ月経ったある日のこと、成年後見人のFさんが訪問すると、Eさんから「誰かが盗っていくのです。あの人は悪い人です」という訴えがあり、『もしやヘルパーが？まさか……何が起きているのか……』と心配になりました。

ケアマネジャーからもタイミングよく連絡が入り、「昨日訪問した際、同様の訴えがありサービス提供責任者に連絡をした。派遣しているヘルパーから状況を確認して、本人にも会って話をうかがい、事実確認を行って対策を検討していきたい」ということで、「立会いしてくれますか」と相談を受けました。Fさんは、本人が言いやすいように傍にいたほうがよいのではないかということと、今後の支援に関して契約しているヘルパー事業者も安心感を持ってもらえるだろうこと、また本人の認知症の進行状況を確認することにもなると考え、立ち会うことにしました。

事実確認の結果、ヘルパーが物を盗ったのではないことや、物盗られ妄想が起きている可能性があることがわかりました。また、疑われたのはヘルパーの手荷物の可能性があり、手荷物は極力少なくして必要なものは透明の入れ物に入れて訪問し様子をみるという対策がとられました。そして、ケアマネジャーから主治医へこの件を報告して意見をもらうことにしました。

〔エピソード4〕「物を盗られた」という訴えへの対応

> **後見人の悩み** 本人から「物を盗られた」という訴えが起きたら、成年後見人はどう対応したらいい？

　成年後見人は、「ヘルパーを疑ってはいけないのではないか」、「そんなはずはない」などと考えてしまうよりも、まず事実はどうなのかを確認にして、ケアマネジャーやサービス提供事業所に必要な対策をとってもらうようにすることが大切です。

　成年後見人は、本人の生活を知るといってもいっしょに暮らすわけではありません。本人を支援しているネットワークから常に本人の状況を確認できるようにし、リスクに対処し、またその支援者にネットワークの意識を持ってかかわっていただけるようにすることが重要です。

　万が一、ヘルパーが実際に物を盗っていたとしたら、これは大きな問題であり、事業所に責任を問わなければなりません。

　エピソードでは疑われたのはヘルパーになっていますが、誰に対してもどこででも起こる可能性があります。「物を盗られた」ということから、必要な援助を得にくくなることが、成年後見人はじめ関係者にとっては大きな悩みになります。妄想は認知症の方にみられる症状の一つですので、主治医に本人の状況を正確に伝え対策や治療について相談したりすることも必要です。

　認知症の方の対応で悩むことには、この他に「鍋を焦がして火の元が危ない」、「外出の際に道に迷う」などがあります。在宅生活を支えていく中でさまざまなことが起こりますが、そのつど関係者と状況を確認して対応していき、支援者のネットワークの中で支えられるようにしていくことが、成年後見人にとって大事なことなのです。

ストーリー4

認知症高齢者Gさんが特別養護老人ホームで快適に暮らすために果たした成年後見人の役割

● このストーリーのポイント ●

① 適切なケアへの要請(1)――居室の変更

② 適切なケアへの要請(2)――ケア会議

③ インフルエンザの予防接種

主人公Gさんの生活メモ

〔本人の状況〕

性　　別：女性

年　　齢：81歳

婚姻歴：あり

家　　族：長男55歳

親族関係：親戚付き合いはほぼない

介護の必要性：要介護3

収　　入：年金月額約6万円

財　　産：預貯金約380万円

住　　居：特別養護老人ホーム

〔主人公Gさんの生活メモ〕

疾　　　病：認知症、統合失調症
〔利用しているサービス〕
特別養護老人ホームに入所中
〔関係機関〕
特別養護老人ホームの相談員、介護職員

〔成年後見制度利用のきっかけ〕

　Gさんは、夫の死後、一人息子とともに和菓子屋を営んできました。認知症の症状があらわれるようになってからは、お店にはまったく出なくなり、一日中家で過ごすことが多くなりました。1年ほど前に、申込みをしていた特別養護老人ホームに入所することができ、現在はそこで生活をしています。Gさんの長男はGさんが入所してから、毎日のようにGさんに会いにきていました。Gさんは長男の訪問を心待ちにしており、時には長男が持参した和菓子を親子でおいしそうに食べていました。

　しかし、長男がある日体調を崩して入院しました。いつまでも自分が母親の面倒をみていこうと思っていた長男でしたが、退院後、家業を維持していくのに精いっぱいで、なかなかGさんに会いにいけず、もしも自分に何かあったらどうしたらいいのだろうと考えるようになりました。そこで、市の広報で知った成年後見制度について市役所の高齢者福祉担当者に詳しく説明を受け、長男がGさんの成年後見の申立てをすることにしました。ただし、成年後見人候補者の心当たりのなかった長男は後見人候補者の欄を空白のまま申立書を提出しました。その折り体調がすぐれず家業に忙しい自分ではない第三者を成年後見人に選任してもらいたい旨を家庭裁判所の書記官に伝えました。少し時間がかかりましたが、Hさんが成年後見人に選任されました。

ストーリー4

認知症高齢者Gさんが特別養護老人ホームで快適に暮らすために果たした成年後見人の役割

エピソード① 適切なケアへの要請(1)──居室の変更

　成年後見人のHさんは、就任後初めてGさんに会いに、特別養護老人ホームに行きました。Gさんの居室は1階の4人部屋でした。部屋に入るとGさんは同じ部屋の方と言い合いをしていました。「こんなところにタオルなんか掛けてダメじゃない」。「だって私がいつも使うんだからいいでしょ。あなたもここへタオルをかけて使えばいいじゃない」。後でHさんがGさんに聞いてみると、居室の共用洗面所に同じ居室の方がタオルをかけるので困っていると言っていました。HさんはGさんに成年後見人であるということをお話しし、他に何か困ったことやわからないことがあったら相談してくださいと伝えました。

　後日、HさんがGさんに面会に行くと、また同じ方と言い合いをしていました。Gさんは「車いすで部屋の入口を通るときに、あの人がじゃましてくるんだよ。もうこんな思いするくらいなら早く家に帰りたいわ。なんで私だけいつもこうなの」。とHさんに訴えました。HさんはGさんの話をすべて聞きました。

　Hさんは特別養護老人ホームの相談員にこのことを相談し、居室を変更するという提案をしました。すると「普段からあのお二人は、あまりうまくいっていないのでお食事のときは遠くに座っていただいています。居室もちょうど2階に空きがでたので調整しようと思っていたところなんですよ」と言いました。

〔エピソード１〕　適切なケアへの要請(1)——居室の変更

> **後見人の悩み**　利用者同士のトラブルに成年後見人はどこまで対応できるのか？

　Ｇさんの場合、居室を変更することで大きなトラブルにはなりませんでしたが、もしも成年被後見人が他の利用者に被害を与えてしまった場合はどのように対応したらよいのでしょうか。
　成年被後見人が起こすトラブルが常習的なもので、かつそのトラブルが予測されるのにもかかわらず、それを成年後見人として放置した場合には責任が問われることがあるかも知れませんが、すべてにおいて成年後見人が成年被後見人の損害を賠償する責任を問われるということはありません。また、損害賠償については、簡単な問題ではないので家庭裁判所と相談することも大切です。
　いずれにしても、成年後見人は成年被後見人の利益を一番に考えて行動することが求められます。そのためには定期的に訪問し、成年被後見人の生活を理解していることが求められます。施設でお世話になっているという思いで余計なことは施設に言えないと考える家族がいます。しかし、成年後見人は成年被後見人を代弁する責任を負っているため、施設訪問時に気になったことは遠慮なく施設に問い合わせるようにします。いつも成年後見人が成年被後見人に付き添えるわけではなく、訪問時に成年被後見人から生活について希望や感想を聞いたり、言えない方については観察しましょう。また、成年被後見人の居室に顔を出し、部屋の状態、様子も観察しましょう。それは施設サービスのチェックをするというよりも自らが生活するかのように成年後見人が快適に生活できるかどうか見極める視点が求められます。

ストーリー4
認知症高齢者Gさんが特別養護老人ホームで快適に暮らすために果たした成年後見人の役割

エピソード② 適切なケアへの要請(2)──ケア会議

　ある日、Hさんが面会に行くと、ちょうど昼食の時間でした。食堂からGさんが帰ってくると入れ歯をしていませんでした。Hさんが「先週新しく作った入れ歯はどうされました？」と聞くと「ここにありますよ」とベッドの隣の棚を指さしました。「お食事のときは入れ歯を使ってなかったんですか？」と尋ねると「そうよ。ここにあるんだから」と、Gさんは入れ歯をせずに食事をしていたことに何の疑問ももっていませんでした。Hさんは以前に面会に来たときも、入れ歯をしていないでお話ししているGさんを見ました。新しく入れ歯を作り直したときは、喜んでいたのにもう忘れてしまっているようでした。Hさんは居室担当の介護職員に入れ歯の管理のことを聞くと、「Gさんはご自分でできるのでこちらでは特にしていません」と言うのです。しかしGさんは認知症が進み、自分では管理できなくなっていることを伝えました。同じことを相談員にも伝えると、「こちらで管理するようにします」と対応してくれました。
　その後、Hさんが面会に行ったときは夕食の時間でした。いっしょに食堂に行き、夕食を食べる様子を横でお話ししながら見守っていました。よく見るとGさんの食事はすべて細かく刻まれた形態の食事でした。Hさんは「いつもこの形なのですか？」と聞くと「そうよ。これじゃ食べた気がしないわよ」と言います。入れ歯の管理は職員が行うようになったので、Hさんは安心していましたが、食事の形態が以前のままでした。Gさんが入れ歯を自分で管理していたころは、入れ歯をつけていないこともあったので刻まれた食事が

〔エピソード2〕 適切なケアへの要請(2)——ケア会議

> 出されていたようですが、今は普通の食事が食べられそうです。
> 　Hさんは相談員にそのことを話し、Gさんの介護に携わっているメンバーを集めて一度話をしたいと相談しました。後日、Hさんと相談員、栄養士、看護師、担当の介護職員でGさんの食事について話し合う機会をつくってもらいました。

後見人の悩み　要望や苦情はそのつど言ったほうがよいのか？

　関係機関との連携はとても大切で、信頼関係を築いていくことが求められます。その中で苦情や要望を言わなければならないときも出てきます。成年後見人は成年被後見人の代弁者であり、成年被後見人である本人の利益を本人に代わって実現しなければいけません。一番に考えることは本人の立場に立つということです。福祉サービスの契約やサービス内容の確認、それに伴う要望や苦情申立ては成年後見人にとって大切な仕事になります。

　また、関係機関で一致したサービス計画や方針をもっていることは、とても大切なことです。そのために話し合いの場は不可欠です。ケア会議などがある場合は、参加してサービス内容のチェックを行うことができます。しかし、そのような会議がない場合でも必要があれば、関係者を集めて話し合う機会をつくることも大切です。ケア会議の開催は施設が行うことが多いようですが、成年後見人がケア会議の開催を申し込むことは可能です。施設長や相談員等に気軽に依頼してみましょう。施設とコミュニケーションをもつことは成年後見人の大事な活動の一つです。

ストーリー 4
認知症高齢者Gさんが特別養護老人ホームで快適に暮らすために果たした成年後見人の役割

エピソード③ インフルエンザの予防接種

　Hさんが成年後見人になって1年が経つ頃、秋にインフルエンザの予防接種のお知らせが老人ホームから届きました。老人ホームの相談員の話によると、この施設では毎年ほとんどの方が予防接種を受けているそうです。

　予防接種の申し込みは長男に任せましたが、Hさんは、もしもGさんに息子さんがいない場合はどうするのだろうと考えました。

後見人の悩み❓　もしも家族がいない場合、インフルエンザの予防接種はどのように対応したらよいのか？

　インフルエンザの予防接種には同意書が必要な場合もありますが、近年では申込書や問診票の提出を求める施設も増えてきています。インフルエンザの予防接種に関しては、「医療行為に該当するので、医的侵襲行為とみなし同意権がない」という考え方もありますが、「医的侵襲行為は生命や身体に危険を及ぼす行為、つまり麻酔を伴う手術や輸血等である」としてインフルエンザの予防接種は医的侵襲行為にあたらないという考え方もあります。

　施設のように集団の中で生活をする成年被後見人のことを考えると、「予防接種を受けない」ということはリスクが高いといえます。そのことを前提に施設の医師に相談し、判断をお願いすることも考えられます。

コラム⑤ 医療行為への同意

　「生命、身体に危険を及ぼす可能性のある検査や治療行為等」のことを「医的侵襲行為」といいます。その中には与薬、注射、輸血、放射線治療、手術などがあり、これらは本人の身体に対する強制を伴うことであるため、成年後見人の権限外であると考えられています。ただし、健康診断や施設内で実施される予防接種などについては限定的な医療同意権を認めてもいいのではという考えもあります。
　「もしも成年被後見人に手術が必要になったらどうしたら？」
　成年被後見人が入院をして、病院側から手術の同意書にサインを求められた場合はどうしたらよいでしょう。どうしてもサインをせざるを得ない状況で、サインをしてしまったとしても、それは法的には効果はありません。成年後見人としては、成年被後見人の医療行為に対して同意する権限がないということを、①まず病院側に対してきちんと説明する必要があります。
　実は、日本の法律では医療行為については、家族も含め本人以外は誰も同意できることになっていないのです。しかし、実際の医療現場では本人が同意できない場合は家族同意が一般的になっていますので、もし②成年被後見人に家族がいる場合は連絡をとって同意について検討してもらいます。このような医療同意の問題は、後見活動をしていくうえでは避けては通れない問題です。トラブルを避けるためにも、そして、一番には成年被後見人のために、③わからないことがあったら家庭裁判所と相談していくことが大切です。

ストーリー5
障がい者施設で長年暮らすⅠさんの生活を支援する

ストーリー5

障がい者施設で長年暮らすⅠさんの生活を支援する

● このストーリーのポイント ●

① 重度の自閉症のⅠさんとの関係を構築していく

② 施設からの要求に考え込む

③ 家族会との関係を調整する

④ Ⅰさんの権利を守るために施設と交渉する

主人公Ⅰさんの生活メモ

〔本人の状況〕

性　　別：女性

年　　齢：30歳代

婚姻歴：なし

家　　族：なし

親　　族：なし

介護の必要性：障がい程度区分認定5

収　　入：障がい基礎年金月額約8万円

〔主人公Ｉさんの生活メモ〕

財　　産：預貯金約300万円（施設が管理）
住　　居：知的障がい者施設（24時間生活型の施設）
疾　　病：発語はなく最重度の知的障がい者手帳が交付されている。

〔利用しているサービス〕

障がい者施設入所

〔関係機関他〕

施設職員、行政（福祉事務所　障がい担当）

〔成年後見制度利用のきっかけ〕

　Ｉさんが小学校１年生のときに父母が離婚し父親が引き取りました。しかし、父親は仕事の関係で手もとで育てることはできず、児童相談所に相談し、知的障がい児を対象とした24時間施設に入所しました。

　その後、成人になったということで今の施設を利用するようになり20年近くが経過し、「措置」入所が開始され、福祉制度が「契約」に変わったときにどのような手続で契約がされたかわかりません。母親とは音信不通で、父親もＩさんに会いにくることはほとんどありませんが、身元引受人にはなっていました。父親が亡くなり、連絡がとれる親族がいなくなったことで、施設が成年後見人の選任を行政に求め、市長申立てにより成年後見の申立てがなされ、Ｊさんが成年後見人に選任されました。

　Ｉさんは幼児期に自閉症と診断され、言葉は話せず身振りや動作でもコミュニケーションを取りにくい方です。日々同じような日課の施設の中で生活はほぼ安定していますが、行事で生活のリズムが崩れたり、年末年始等他の施設利用者が一時帰宅するとき自分だけ施設に残されたと感じ、不穏になりイスを投げる等粗暴な行為がみられることがあります。

ストーリー5
障がい者施設で長年暮らすIさんの生活を支援する

エピソード① 重度の自閉症のIさんとの関係を構築していく

　重度の自閉症であるIさんはJさんに対してほとんど関心を示さず、障がい者にかかわったことがほとんどないJさんはIさんにどのように接していいかわかりません。施設の職員からIさんはチョコレートが好物と聞いたJさんは定期面会にはポケットマネーでチョコレートとジュースを持っていきますが、Iさんはうれしそうに食べ終わると、すぐにJさんから離れてリビングに行きテレビを見ようとし、なかなかいっしょにいることはできません。しかし、Jさんに対して明らかな拒否や不審感を示すような表情は少しずつ減少してきています。

後見人の悩み

　障がい者福祉の専門家でもなく、まして重度の自閉症の人とあまり接したことのない私（J）がIさんとのように接したらよいのだろうか？　やはり、障がい者福祉の専門家でないと、Iさんのような重度の知的障がい者の成年後見人は務まらないのだろうか？

　重度の自閉症の方との関係をもつことは決して簡単ではありません。一方、そのような障がいに関する知識がなくても、成年後見人としては、施設の利用料の支払い、個別支援計画への同意、緊急時の連絡先などを務めれば事足りるという考えもあるでしょう。しかし、Iさんの施設で

〔エピソード１〕　重度の自閉症のＩさんとの関係を構築していく

の生活を充実し支えていくためには、電話等により施設職員とやり取りするだけでなく、Ｉさんの生活の状況やＩさんの様子をじかに確認することは不可欠です。そして、Ｉさんの障がいについての知識も得る必要があります。とはいっても、今からＪさんが専門知識を得るための教育を受けることは無理でしょうから、次のような方法でＩさんの障がいについて知ることができます。

① 施設職員からＩさんの障がいについての説明を受ける。福祉事務所や知的障がい者更生相談所（主に都道府県や政令指定都市が設置する知的障がい者に関する判定や相談を受ける専門機関）などの公的機関が交付している書類や日々の記録の開示を求め、それらの資料からＩさんの障がい特性を知ることができます。

② Ｉさんは鑑定が実施されていませんでしたが、これまで、てんかん発作のコントロールや精神的安定を図るため精神科で診察を受けており、主治医よりＩさんの障がいについて説明を受けることができます。

③ 最近は専門家向けだけでなく、家族や当事者向けの自閉症に関する書籍が多数発刊されています。イラストを使用し理解されやすい工夫がなされ安価なものも多いことから、Ｊさんはいくつかの本を読んでみることにしました。そこにはＩさんそっくりの状態が例として取り上げられており、具体的なかかわり方についても説明してありました。

ストーリー5
障がい者施設で長年暮らすIさんの生活を支援する

エピソード② 施設からの要求に考え込む

それまで父親とのやり取りがほとんどできなかった施設からは、
① 父親に代わる身元保証人としての署名
② 不穏時にIさんの部屋に鍵をかけるための身体拘束への同意
③ 障がい者専用の賠償責任保険の加入

の3点について相談がありました。

身元保証人については、Jさんは成年後見人にはその役割がないことを施設に説明し、身元保証人ではなく、緊急連絡先として登録しました。

身体拘束についてはあらかじめ同意するのではなく、そのつど、本人の状況を「拘束禁止の三原則」に照らしながらいっしょに考えることにしました。

個人賠償保険については、Iさんの能力から考え施設内の出来事はすべて施設が賠償責任を果たすべきとも考えましたが、Iさんが自室で一人で過ごしているときに自分の持ち物であるテレビなどを壊したときも保険で購入できる内容であったことから、家庭裁判所に確認のうえ契約することにしました。ただし、Iさんが与えた損害であってもIさんに責任がないときには保険の適用を安易にしないこと、適用するときは成年後見人に相談することを施設職員と確認しました。

〔エピソード2〕 施設からの要求に考え込む

> **後見人の悩み**
> 施設内での成年被後見人の粗暴な行為についてどう対応したらいいのだろう。施設のことは施設に任せておいてはいけないのだろうか？

　施設での暴れてしまうなどの粗暴行為については、監督義務者として成年後見人も施設とともに対応する義務があります。ただし、Ｉさんの身体的自由を制限する身体拘束については十分な検討が必要です。施設の説明によると、Ｉさんがときおり、非常に興奮して他の利用者に危害を加える危険があるそうで、そのようなときには数人で抑え込んだり、興奮が続くときは自室に鍵をかけ興奮が収まるまで一人にしておくことがあり、そのような対応についての同意が欲しいということでした。

　自室に鍵をかける、身体を抑え込む、また拘束帯などで身体の動きを制限するなどの行為は、身体拘束に該当します。身体的負担をあたえる医療（医的侵襲）について成年後見人には同意権がないとされています。同様に身体的負担を与える可能性のある身体拘束について、はたして成年後見人が同意できるかどうか判断が難しいとＪさんは考えました。

　しかし、施設での生活において現在の方法が不可欠という施設に対しては、身体拘束の3原則、「非代替性、一時性、緊急性（切迫性）」の確認をきちんとしたうえで、それでも緊急かつ必要な対応は、成年後見人として「同意」はできないが、施設あるいは主治医の判断で対応してほしい旨を伝えました。また、それ以上に、できる限り自閉症という障がい特性を理解しているはずの施設は、本人に身体拘束を必要とするような事態にならないように支援してほしいことを依頼しました。

ストーリー⑤
障がい者施設で長年暮らすⅠさんの生活を支援する

エピソード③ 家族会との関係を調整する

　施設を通じて、施設利用者の家族で構成する家族会への参加をすすめられました。もともとは施設利用者の家族相互の懇親を図る場だったようでしたが、年に2回の家族会総会参加と5000円の年会費納入、総会に合わせ家族会主催で行われるバザーでの手伝いの要請があるようです。亡くなったⅠさんの父親は、家族会に参加したことも会費の支払いもしたことはありませんでした。Jさんは、家族会費は支払うものの、成年後見人は家族とは異なるという立場を説明し、他の家族と同様の行事参加は見合わせることにしました。

> **後見人の悩み**　成年後見人は家族とは違う。家族会にどのようにかかわるべきなのだろうか？

　24時間生活型の施設では、日常的に家族との関係が疎遠になりがちであることで、施設主催の家族参加型の行事や、家族から施設に希望などを伝える家族会が組織されていることがあります。その目的や運営方法はさまざまであり、親族でない成年後見人の場合、家族会へのかかわり方について迷うことがあります。家族会への参加は本人のために必要なのでしょうか。
　まず、その会費については、あくまでも家族のための会という趣旨であれば家族が支払うべきもの、つまりは成年後見人のポケットマネーで

支払うべきものといえます。ただし、成年後見人はポケットマネーで家族会の会費を支払っても後見にかかる費用として弁済されることはありませんので、結局家族会への参加を見合わせることも考えられます。特に、家族会費が家族間の懇親会や懇親旅行の費用に充てられるものであれば、施設利用者である成年被後見人に全く利益はないといえます。

　しかし、Ｉさんが利用する施設の家族会は、入所者の施設生活が充実するように施設の運営費では買えないような物品を家族会から施設に提供するために、事務費を除いた家族会費とバザーでの売り上げを充てていました。また、施設に対する家族からの要望は、一人ひとりの要求とは別に会として家族会総会でまとめられていて、それに対しては施設長が家族総会に出席して回答して施設の運営方針についても説明することが慣例のようです。

　そこで、成年後見人のＪさんはＩさんにも利益があると考え、家族会費をＩさんの預金から納め、家族会の総会にもその内容を確認したうえで、家族間の懇親を図るものでない場合には参加することにしました。成年被後見人に利益があるときはその資産を使用することは認められますが、そのあたりの境界が明確でないことも多々あります。バザーへの協力は家族として参加が求められているものといえ、施設職員や家族会の役員と話し合いをしたうえで、Ｊさんは参加しませんでした。家族ではない立場と成年後見人である立場を意識しながら成年後見人としての役割を担うことが大切です。

ストーリー5
障がい者施設で長年暮らすIさんの生活を支援する

エピソード④ Iさんの権利を守るために施設と交渉する

　Iさんは月に1回程度精神的不安定になり、物を壊す、他人に噛みつくなど他の人に傷を負わせるようなことがあります。多くは軽微な被害ですんでいましたが、先日は、他の利用者の腕を強く噛み出血させ、止めに入った職員がIさんに倒され骨折するという事故が起きました。

　施設からは、今の施設の職員体制と専門性ではIさんに対応していくことは困難と施設を変わってほしい旨の発言があり、また、けがをした利用者の家族からIさんの家族から謝罪がないのはおかしい、このまま危険が続くなら別の施設にIさんを移してほしいとの訴えがあったとも聞きました。

　Iさんはこの施設で20年近く生活していて、生活環境の変更はIさんの負担が大きく、また月1回の不安定も体調に影響しており、ある程度対応するべき期間が予測できるとこから、Iさんにとってはこの施設を利用し続けることが適切とJさんは判断しています。

後見人の悩み

　施設でトラブルが生じたとき、親族でもなく専門知識も乏しい成年後見人に施設や他の家族と対峙して成年被後見人の利益を守ることができるのだろうか？

　生活施設では利用者同士のトラブルがよく生じます。今回のように

〔エピソード4〕 Iさんの権利を守るために施設と交渉する

「けがをさせた」だけでなく、「物を盗った」「悪口を言われた」などさまざまです。基本的には施設内で起きたことは施設で対応していただくことが適切です。他の利用者に被害を及ぼしたときに施設から被害者に謝罪や弁償を要求されることもあります。仮に成年被後見人の故意と推定できるような場合でも、成年被後見人の責任を問うことは判断能力から困難であり、やはり施設の責任で対応していただくことが適切といえます。安易に謝罪や弁済を果たすことは成年被後見人の責任を認めたことになりますので、よくよく検討することが必要です。

　また、施設は契約書の解約事項をあげ、他の施設に移ることを求めることがあります。しかし、多くの契約書には次の施設を探すことについて施設の役割が記載されており成年後見人だけが負う義務ではなく、まして、施設から申し出があったから施設移行を前提にして話を進める必要はありません。生活環境を変えることは成年被後見人にとって重大な意味をもちますので、施設を移ることが成年被後見人にとって望ましくないと考えるなら、現在の施設を利用し続けられるよう成年被後見人の代弁者として施設に強く求めることが必要です。Jさんのように重大な出来事に直面したときには特に、成年後見人は一人で悩まず、精神的不安定については主治医に、また施設退所を含めた契約に関係したトラブルについては障がい者福祉に理解のある弁護士に相談する方法があります。

ストーリー6
父母を亡くした知的障がい者のKさんを支える

ストーリー6

父母を亡くした知的障がい者のKさんを支える

● このストーリーのポイント ●

① 相続人の代理人としての対応

② 知的障がい者のKさんに父親に代わる活動を保障するために

③ 個別支援計画（ケアプラン）を見極めるためのポイント

主人公Kさんの生活メモ

〔本人の状況〕

性　　別：男性

年　　齢：40歳

婚 姻 歴：なし

家　　族：70歳の父親が公団アパートで生活している。

親族関係：なし

介護の必要性：障がい程度区分認定4

収　　入：障がい基礎年金月額約8万円

住　　居：知的障がい者施設入所（24時間生活型の施設）

〔利用しているサービス〕

〔主人公Kさんの生活メモ〕

障がい者施設入所
〔関係機関その他〕
施設職員、行政（福祉事務所　障がい担当）

〔成年後見制度利用のきっかけ〕

　Kさんは母親が死去した10年前に施設入所。以後、父親が定期的に面会、外出等を支援してきましたが、体調が思わしくなく入退院を繰り返すようになり、自分の亡き後を心配して成年後見制度の利用を考え始めました。福祉事務所のケースワーカーの支援のもと、父親の申立てで成年後見人Lさんが選任されましたが、間もなく父親は亡くなりました。

　父親が亡くなる直前に成年後見人として選任されたLさんは、Kさん・施設職員とともに父親の入院する病院に向かい父親の死を迎えました。Kさんが喪主になるため、動揺するKさんの対応を施設職員に任せ、父親の住んでいた公団の自治会長と施設長、福祉事務所担当ケースワーカーに連絡し父親の葬儀についての打ち合わせを行いました。

　父親の預金は数十万円あったものの引き出しはできず、また、父親が管理していたKさんの年金も、施設利用料を支払った残りは父親が消費していたようで、Kさん名義の通帳にもお金が残っていませんでした。そのため、何かのためにと父親が手元に置いておいた現金を使い葬儀の手配を行いました。Kさんは喪主席に座っていられず、焼香と出棺のみに立ち会い施設に戻りました。Kさんが葬儀に出席することについては、Kさんの精神的負担を考慮し出席か欠席かについて関係者で話し合いが行われ、結果的に葬儀出席はKさんにとって負担となりましたが、今後Kさんにとって成年後見人や施設職員等と新たな関係をつくっていくうえで、父親とお別れの場を設けることは意味があったといえます。

ストーリー6
父母を亡くした知的障がい者のKさんを支える

エピソード① 相続人の代理人としての対応

　父親の葬儀後、成年後見人であるLさんはKさんに代わり父親の死亡届、賃貸住宅の解約、家財の処分を行いました。父親名義の預金通帳があり、財産相続のため銀行に向かいましたが、親族調査や手続に思いのほか時間がとられました。ただし、成年後見の申立てをしたばかりで、戸籍謄本など親族調査のための書類が残されていたため相続人がKさんしかいないことは容易に判明できました。ようやく父親の通帳を解約し、入院費や父親が住んでいたときの光熱費などの精算を行い、残金をKさん名義の通帳に入金しました。また、父親の遺骨は母親と同じ墓地に納め永代供養を依頼することとしました。

後見人の悩み

　成年被後見人の相続財産に関する行為とはいえ、成年被後見人以外に身寄りがないと思われる親族の死後の事務については、どこまで成年後見人がかかわれるのだろうか、また誰か代わりはできなかったのだろうか？

　施設で暮らす成年被後見人の生活を支援することは、その施設の職員と十分に連携をとっていくことにより、さほど困難ではないといえます。しかし、親族関係によっては、予測外の事務をしなければならないことがあり、日頃から、行政を含め関係機関と連絡をとりあうことは重要で

〔エピソード１〕　相続人の代理人としての対応

す。Ｋさんの場合は、父親が申立人でしたが、病弱な父親に代わり福祉事務所のケースワーカーが申立支援を行っていました。このように申立支援を行ってくれた関係機関とは、それらが親族関係についてもよく知っている可能性がありますし、連携を継続することが望まれます。逆に成年後見人が選任されたからと関連機関からすべて「お任せ」とされることがないように、役割分担を明確にしておく必要があります。

　今回のように相続や葬儀にかかわる父親の親族関係や日頃から交流のあった知人などの人間関係を知るためには成年後見人のみでは限界がありますから、父親の友人やこの親子を見守り成年後見人選任の申立支援を行ってきた福祉事務所のケースワーカーの存在はとても大きかったといえるでしょう。

　また、Ｋさんには父親が管理していたＫさん名義の通帳に障がい基礎年金が振り込まれていました。しかし、施設利用料を支払った残りのお金は、父親の生活に使われていたようで残金はほとんどなく父親の葬儀にＫさんの貯金を当てることはできませんでした。

　このエピソードではＫさんの施設での生活は保たれていましたし、面会時のＫさんとの外出に父親がＫさんの年金を当てていたと思われ、父親がＫさんの年金を自分の生活費に使っていたことが直ちに問題になるとはいえません。

　しかし、認知症高齢者や障がい者が家族と同居している場合に、本人の年金等の収入が家族の生活のために勝手に使用されていることがあります。家計が世帯ごとという考えであればそれぞれの収入から家計を支えるという発想は考えられますが、それも程度問題です。年金受給者当人の医療費や生活が脅かされるまで、年金や収入が家族を含む他人に搾取されていたとしたら、それは経済的虐待といえます。この父子は虐待の関係にあったとはいえないものの、判断能力が不十分となった人たち

73

ストーリー6
父母を亡くした知的障がい者のKさんを支える

の年金が自身の生活に活かされないような状況にある場合、それは家庭内の問題だからと放置せず自治体等に相談しましょう。そのような状況にあり、生活が維持できず健康にも影響があるようなときには、自治体が早急に成年後見人等を市長村長申立てにより選任し、家族とは別家計で金銭管理をすることができるようにして、本人の生活を支える方法が考えられることになります。

〈コラム⑥〉 死後の事務

コラム⑥
死 後 の 事 務

　成年後見人の権限は成年被後見人の死亡により終了するので、死後の事務については相続人に引き継ぐことになります。しかし、実際は親族のいない成年被後見人や、親族がいても非協力的な場合は、成年後見人が死後の事務を行わざるを得ない場合があります。

　遺体の搬送や葬儀については緊急性があるので、成年後見人が取り計らわなければならない場合がありますが、一般的と思われる適度な規模の葬儀を行うことになります。出費を伴いますので、葬儀を行う前に、事前に家庭裁判所に相談しておくのがよいでしょう。

　また、埋葬については、「墓地、埋葬等に関する法律」では、埋葬する者がいないときは市長村長の責務とされていますから市町村の職員に相談することができます。成年被後見人が生前に付き合いのあった菩提寺等が明らかなときは、一時的な預かりについて相談できますが、永代供養などは相続人の判断に任せることになります。

　施設利用料や入院費などの債務の弁済や住居の処理は相続人に引き継ぐことになりますが、電気やガス、水道の供給契約については、各会社に連絡をとり停止しておくことが必要でしょう。

　相続人の確定までに相当の時間と手間がかかったり、相続人への引渡しが簡単にいかないこともありますが、そういう場合は家庭裁判所や法律専門職に必要に応じて相談していくことも重要です。

　なお、成年被後見人の死後、成年後見人が行った事務の実費については弁済されますが、原則的には報酬の計算には含まれません。

ストーリー6

父母を亡くした知的障がい者のKさんを支える

エピソード② 知的障がい者のKさんに父親に代わる活動を保障するために

　父親を亡くしたKさんのショックは、施設職員の支援で予測外に少なくすみそうでした。

　成年後見人選任後わずか2カ月の間の出来事でしたが、できるだけ早くKさんとの関係を築こうと思ったLさんは、本人に会いに10日に1回は行くことにしました。Kさんと会うときは、最初は施設職員が立ち会ってくれることもあり、Kさんからの生活上の希望は比較的はっきりと聞くことができ理解できました。

　施設長から、Kさんが父親と面会したときに行っていた「外出」について相談がありました。

　いろいろな事柄に興味をもつKさんは、面会にきた父親と月1回程度映画館や遊園地、野球場に出かけていました。そして、Kさんはこれからも出かけたいと強く希望していました。施設はできる限りKさんの希望がかなえられるよう努力することを約束してくれましたが、父親と同様の外出が保障されるものではありませんでした。誰も頼めないならLさんが父親の代わりに月1回Kさんの外出に付き合うことも考えましたが、わずかながら父親から残された貯金もあるので、そのお金でできるだけKさんに年の近いアルバイトを探し外出に付き添ってもらえるようにしたいと考えました。幸い、施設付近にある福祉系の大学の学生がボランティアで施設に訪れることがあり、適任者がみつかりました。

〔エピソード2〕 知的障がい者のKさんに父親に代わる活動を保障するために

> **後見人の悩み** 家族に代わって成年後見人はどこまでかかわればよいのだろうか？

　家族に代わってKさんと外出するといった具体的な介護や手助けに関する行為は本来、成年後見人に求められる役割ではありません。福祉サービスの契約だけでなく今回のようなインフォーマルなサービスの利用契約も成年後見人に求められる役割です。残念ながら、入所施設の利用者に対する外出のためのヘルパーを利用する制度は整備されておらず、公的な福祉制度ではないアルバイトを利用することにしました。

　一方で、成年被後見人の資産が少ない場合、つい成年後見人が家族の代わりをしてしまうことを考えがちです。そのような場合も、施設や福祉事務所、社会福祉協議会等に相談して、無料のボランティアを探すなど成年後見人が直接的な介護をしなくて済むような手配や調整をすることが求められます。成年後見人が福祉制度やその地域の福祉情報に不案内な場合であっても、積極的に行政の市民向け情報を利用してみましょう。また施設にいる相談支援員にも相談しましょう。

ストーリー6
父母を亡くした知的障がい者のKさんを支える

エピソード③ 個別支援計画（ケアプラン）を見極めるためのポイント

　新年度に入ってLさんは、施設での個別支援計画の説明をKさんとともに聞きました。そこには、施設の責任者と担当職員が来ていましたが、説明は専門的で障がい者福祉に詳しくないLさんには理解するのが難しいものでした

　特に、Lさんは施設からKさんに対してどのようなサービスが提供されるのかイメージできず、具体的な支援内容の説明を求めました。その結果、「週1回職員付き添いのため近所のスーパーに買い物に行く」、「Kさんが楽しみにしているテレビ番組を必ず見られるよう職員がチャンネルを合わせる」などの具体的な内容が示されました。文章の理解ができないKさんでしたが、口頭で文章よりもわかりやすい表現で職員から説明されたことで、その内容は理解できたようで、説明に対して頷いていたので、成年後見人として支援計画について同意の署名をしました。

後見人の悩み　個別支援計画は専門的でわかりにくい。わからないままサインしてもいいのだろうか？

　福祉サービス利用については事業所に説明責任が課せられています。しかし、その内容は専門用語が羅列されていたり、「楽しく過ごす」、「健康を保つ」という具合に抽象的で何となく同意してしまうような内容が

〔エピソード3〕　個別支援計画（ケアプラン）を見極めるためのポイント

記載されていることがあります。成年後見人が個別支援計画の説明を受けるということは、成年被後見人本人あるいは家族に代わって説明を受けるわけで、専門用語や専門的知識をもっているという前提に説明されるわけではありません。施設等事業者の一方的な説明を聞くだけでなく、専門知識がなくともわかるように納得できるまで説明を求めることがとても大事なことです。余計なことを聞いて事業者の気分を損なうのではないかと心配するよりも、成年被後見人である本人が適切にサービスを受けられるよう、支援内容をじっくり見極めるよう、できるだけ具体的に説明してもらってください。

　成年後見人と施設は福祉サービスの契約当事者です。万が一、成年後見人がそのサービスについての知識に自信がないときには施設外の第三者として福祉事務所の職員に立ち会いをしてもらう等もよいでしょう。また、苦情としてではなくてもかまいませんので、施設の説明が不十分と感じたときには、都道府県レベルで設置され多くは社会福祉協議会が運営している福祉サービス運営適正化委員会などに相談してみる方法もあります。

ストーリー7

高齢者施設に入所したMさんの不要となった自宅を処分することになるまで

● このストーリーのポイント ●

① 悪質商法に騙されたときの対応

② 施設入所が決まり、自宅が不要となったときの対応

③ 家族から金品の請求を受けたときの対応

④ 通帳や印鑑などの保管

主人公Mさんの生活メモ

〔本人の状況〕

性　　別：男性

年　　齢：78歳

婚 姻 歴：あり

家　　族：妻（数年前に死亡）と娘（別居）

親族関係：なし

介護の必要性：要介護3

収　　入：年金月額約14万円

〔主人公Mさんの生活メモ〕

財　　産：預貯金約800万円
住　　居：賃貸マンション
疾　　病：認知症、脳梗塞後遺症
〔利用しているサービス〕
訪問介護（ヘルパー）による家事援助と身体介護
デイサービス、病院への定期通院
〔関係機関〕
民生委員、自治会長、行政（高齢福祉担当）、
地域包括支援センター、保健福祉センター（保健所）

〔成年後見制度利用のきっかけ〕

　Mさんは認知症があり、別居の娘がいました。数年前に妻が死亡した後はしばらく単身で生活していましたが、みるみるうちに認知症の症状が進行し、かかりつけ医にアルツハイマー型の認知症と診断されました。近隣市に住む娘が毎月Mさん宅を訪問して、身のまわりのことなど何かと面倒を見ていましたが、財産の管理などについては第三者に任せたいという娘の意向により、娘の申立てで第三者の成年後見人Nさんが選任されました。Mさんは悪質商法に騙されたり、徘徊して警察に保護されたこともありましたが、ほどなく特別養護老人ホームに入所することになりました。娘も定期的に老人ホームまで面会に来ています。

ストーリー7
高齢者施設に入所したМさんの不要となった自宅を処分することになるまで

エピソード① 悪質商法に騙されたときの対応

　Мさんが在宅生活をしているとき、Ｎさんは2週間にいちど訪問して生活費を届けたり、郵便物を確認したりしていました。ある日ヘルパーからＮさんに、「Мさん宅に新しい浄水器が取りつけられているが、成年後見人が手配して取りつけたものですか？」という問合せの電話がありました。Ｎさんは浄水器を取りつけるよう手配したこともありませんし、Мさんからそのような依頼も受けていませんでした。

　翌日Мさん宅を訪問し、ヘルパーやМさんの話を聞いてみたところ、「どうやら一昨日ヘルパーが帰った後に訪問販売業者が訪れて、布団や浄水器のセールスをしたが、Мさんは何だかよくわからないままに書類にサインをしてしまったようだ……」ということが判明しました。浄水器の代金は約20万円で何回かに分けて分割払いするということでしたが、Мさんはすでに内金として1万円を支払っていたこともわかりました。今日の訪問時点で、Мさんは契約したこと自体を忘れてしまっています。

　ＮさんがМさんの部屋を調べたところ、本棚のいちばん上のわかりにくい場所に契約書と領収書が置いてありました。Ｎさんは契約書に書かれている会社あてに、「Мさんの契約を取り消します」という内容の文書を送りました。

〔エピソード1〕 悪質商法に騙されたときの対応

> **後見人の悩み** 悪質な訪問販売で不要なものを高価な値段で買わされてしまったけど、何とかならないだろうか?

　成年被後見人の法律行為については、日用品の購入や日常生活に関する行為以外について、成年後見人が取り消すことができます(ただし、補助人や保佐人はあらかじめ同意権の範囲の設定が必要です)。

　どこまでが日用品か判断に迷う場合もありますが、成年被後見人の生活において必要のないという視点ではなく、成年被後見人の生活を脅かす購入かどうかの視点で判断する必要があります。もし、成年被後見人の生活を脅かすような買い物については、取消が可能かどうか業者に問い合わせてみることから始めます。しかし、中には悪質な業者や対応さえしない業者もあります。成年後見人個人の力では対応しきれなかったり、解決できないような悪質な業者に対しては、市役所などの消費生活相談の窓口や、無料法律相談などの相談窓口を利用して、専門家(弁護士など)につなげて、相談するようにしましょう。

　特に、在宅生活をしている認知症高齢者が悪質な訪問販売にあったり、知的障がい者が街中でキャッチセールスにつかまり高額商品の購入契約をしてしまうケースが多いので、成年後見人として注意が必要です。

(成年被後見人の法律行為)
民法第9条　成年被後見人の法律行為は、取り消すことができる。
　ただし、日用品の購入その他日常生活に関する行為については、この限りでない。

エピソード② 施設入所が決まり、自宅が不要となったときの対応

　Mさんは認知症が進み、在宅で生活を続けることが困難になりました。娘が数年前に特別養護老人ホームへの申込みをしていたこともあり、ほどなく老人ホームへ入所することができました。

　老人ホームへ持ち込める身の回りの品や衣類等を運び終え、使い慣れた家財や日用品も運び出しました。役所にて転出・転入関係の手続も済ませ、Nさんは娘にも相談しながら、Mさん宅の水道・電気・ガスを止め、Mさんの自宅にあるもので処分しないほうがよいものについては、（Mさんの死亡後は遺産を相続することになる）娘に引き取ってもらうようにしました。

　Mさん宅は賃貸のマンションであったため、毎月の家賃が7万円ほどかかっていました。今は誰も住んでいないところに毎月7万円を支払っていくことは、Mさんにとっては不利益になることなので、NさんはできるだけはやくMさんの賃貸マンションを引き払いたいと考えました。

　そこでNさんは、不動産会社に、近い将来Mさん宅の賃貸借契約を解除する方針であることを伝え、不動産会社に契約解除の書面のひな型を作成してもらいました。その後、その契約解除の書面を添付したうえで、家庭裁判所に「居住用不動産の処分許可申立て」を行い、家庭裁判所から「当該不動産に関して処分することを許可する」という審判がおりてから、実際に不動産会社と契約解除の文書を取り交わしました。

〔エピソード2〕 施設入所が決まり、自宅が不要となったときの対応

> **後見人の悩み❓** 自宅が不要になったら成年後見人が勝手に処分していいの？

　NさんはMさんの賃貸マンションを勝手に引き払うことはできません。必ず家庭裁判所に「居住用不動産の処分許可申立て」をして、裁判所から「処分を許可する」という審判を受けてから、実際に処分する手続に入らなければなりません。

> （成年被後見人の居住用不動産の処分についての許可）
> 民法第859条の3　成年後見人は、成年被後見人に代わって、その居住の用に供する建物又はその敷地について、売却、賃貸、賃貸借の解除又は抵当権の設定その他これらに準ずる処分をするには、家庭裁判所の許可を得なければならない。

　たとえば、「自宅が持ち家で、その家や土地を売却すれば、有料老人ホームでの生活が可能である」という場合も、家庭裁判所の許可を受けてから売却する必要があります。
　賃貸にしろ持ち家にしろ、成年被後見人が長年生活してきた自宅を失うということは、精神的な拠り所の一つを失うということでもあり、成年被後見人の気持ちに重大な影響を及ぼす可能性があるということを、成年後見人はよく考慮することが求められます。処分の時期については、成年被後見人の収支のバランスや（余裕があるのか、あるいは今すぐに処分しなければならない事情があるのか）、自宅へのこだわりの有無などによってケース・バイ・ケースです。

ストーリー7
高齢者施設に入所したMさんの不要となった自宅を処分することになるまで

エピソード③ 家族から金品の請求を受けたときの対応

　Mさんが特別養護老人ホームに入所する際には、娘が身元引受人や緊急時の連絡先になるなど、成年後見人のNさんだけではカバーできない部分を、娘の協力を得ながら後見事務を行ってきました。Mさんも、娘が定期的に面会にくるのを楽しみにしています。娘のほうでも好意で衣類やお菓子などをMさんに差し入れ、老人ホームの職員にもふだんのMさんの様子を聞くなど、娘の立場でMさんのことを気にかけている様子がNさんにも伝わってくるようなかかわり方でした。

　ある日、娘からNさんに連絡がありました。「私は父のことは気になるし、これから先も定期的に面会に行きたいが、私の自宅から老人ホームまでは１時間以上かかるし、交通費もそれなりにかかる。私自身、経済的にはそれほど余裕があるわけではない。父への差し入れはこれまでどおり私の好意で行うが、面会のための交通費はNさんから私に払ってもらうことはできないだろうか」というものでした。

　NさんはMさんに娘さんの意向を伝えましたが、判断能力の低下しているMさんは、「娘には大したことをしてやれんかったからなぁ……」と、意味が通じているのか通じていないのか判別しかねる答えでした。ただし、Mさんをはじめ、関係機関からもこれまでの家族関係の話を聞いた限りでは、Mさんと娘の関係が良好であることは容易に推察することができました。

　そこで、NさんはMさんの収支が黒字であることや預貯金がそれ

なりにあることから、娘が面会にくるための交通費をＭさんが負担しても、問題ないだろうと判断しました。

> **後見人の悩み**　家族や親族から金銭の請求があった場合はどうすればよいの？

　家族や親族が成年被後見人（本人）のために行うこと（面会や差入れ、外出など）は家族や親族が自らの意思で行っていると考えられるので、一般的にはそれらの行為にかかった費用を、成年後見人が家族や親族に対して支払わなければならないということはありません。

　ただし、特別な事情がある場合には、その事情に配慮することも成年後見人として必要なことです。本人と家族の関係の良し悪しや、居住地の遠近なども判断材料の一つになります（たとえば、成年被後見人は重度の知的障がい者で入所施設で生活しており、その親が近隣市で生活保護を受給していて、しかもその親は身体が不自由で車いすごと乗れるタクシーに乗らないと面会に来ることができないような状況で、その親から成年後見人に対して面会に係るタクシー代金を本人の財産から支出してほしいと要求された場合など）。

　成年後見人として、成年被後見人と親族との関係、資産状況、親族と関係を保つ意味等を考え合わせて一般常識的に判断していくことが求められます。多額な要求や成年被後見人の生活に影響を及ぼす可能性があり判断に迷うときには家庭裁判所に相談するようにしましょう。

ストーリー7
高齢者施設に入所したMさんの不要となった自宅を処分することになるまで

エピソード④ 通帳や印鑑などの保管

　Mさんは認知症があるものの、銀行や郵便局の通帳の残高に関しては、いつも気になるようで、NさんがMさんに面会するときにはしょっちゅう「通帳が見当たらないのだけど……」と繰り返し訴えます。NさんはMさんに会うときには必ず通帳を持っていき、残高を確かめてもらうことで安心してもらうようにしていました。

　Mさんがきちんと通帳を保管できればよいのですが、どこにしまったかを忘れてしまうために、Nさんが成年後見人になったときから、Mさんの了解を得たうえで通帳を預かることにしたのでした（後見事務の中の財産管理として、判断能力が著しく低下しているMさんの了解を得なくても、通帳をはじめとする重要書類をNさんが預かることはもちろん可能です）。

　Nさんは当初Nさんの自宅内の金庫にMさんの通帳を保管していましたが、万が一盗難に遭ったりすると困ると思い、新たに銀行の貸金庫を借りて、Mさんの通帳や印鑑、保険証券や年金証書などの重要書類については、まとめて貸金庫に保管するようにしました。

　Mさんにも「大事な通帳は普段は金庫にしまってありますからね」と伝えると、安心した様子を見せるようになりました。

> **後見人の悩み**　成年被後見人の通帳や印鑑を紛失したらどうしよう？

〔エピソード４〕 通帳や印鑑などの保管

　成年被後見人の財産を紛失や盗難防止の観点から、銀行などの貸金庫に保管する方法があります。基本的には、成年後見人として新たに貸金庫を利用して、成年被後見人の財産を保管するのがよいでしょう。成年被後見人を二人以上受任しているような場合には、貸金庫の料金を按分（受任している人数に応じて頭割りする）方法があります。また、成年後見人として活動する以前に、個人的に借りていた貸金庫にまだ余裕があるような場合には、その中にいっしょに成年被後見人の財産を保管する方法もあります。

　銀行の総合通帳で、普通預金と定期預金の一体型通帳などでは、場合によっては数百万円の額面の通帳を持ち歩かなければならない場合もあるかもしれません。普通預金と定期預金を別々の通帳にして、普段は普通預金の通帳だけを使うなどの工夫も必要なことです。

　自宅などで保管する場合にも、置き金庫や鍵の付いたキャビネットや引き出し等で保管するようにしましょう。なお、通帳と印鑑は別々に保管したほうがよいでしょう。

　エピソードにあるように、成年被後見人が通帳そのものや残高を心配しているようなときには、実物の通帳でなくても通帳のコピーで代用できることもあります。また、年金がきちんと振り込まれているか、施設利用料がきちんと支払われているかを気にされる方が意外に多いようです。収支について気にされる成年被後見人に対して「大丈夫ですから」とか「安心していいですよ」と答えるだけでなく通帳を提示することで、内容は理解できなくても自分の目で通帳を確かめられたということで安心される方もいらっしゃいます。

　成年後見人として、盗難被害や紛失のリスクを極力減らすような方策をとるように心がけることが求められます。成年被後見人の大切な財産を管理していることを常に意識しましょう。

ストーリー8

Oさん夫婦おのおのに第三者の成年後見人・保佐人が選任されて

● このストーリーのポイント ●

① 今後の生活の場の確保

② 引越しと公営アパートの解約

③ 日用品の購入

④ 配偶者への扶養請求

主人公Oさんの生活メモ

〔本人の状況〕

性　　別：女性

年　　齢：85歳

婚姻歴：あり

家　　族：夫と二人暮らし

親族関係：兄弟はすでに死亡

介護の必要性：要介護1

収　　入：年金月額約5万円

〔主人公Oさんの生活メモ〕

財　　産：預貯金約400万円
住　　居：公営アパート
疾　　病：認知症
〔利用しているサービス〕
なし
〔関係機関〕
夫のケアマネジャー、夫の成年後見人、
成年後見センター（社会福祉協議会）

〔成年後見制度利用のきっかけ〕

　公営アパートにて夫婦で生活をしていた妻のOさんと夫には子どもはなく、兄弟はすでに亡くなっており、ほとんど親戚付き合いはありません。Oさんは認知症の夫をデイサービスに送り出したり、食事の世話などをしたりしながら二人で生活をしていました。

　あるときからOさんに物盗られ妄想があらわれて、どこへ行くときも預金通帳や印鑑などの財産を腰に巻きつけるようになり、夫の面倒をみることもできなくなっていきました。

　在宅生活が困難になった夫婦は、いったんは検査入院という名目で夫のケアマネジャーによって、精神科の病院に入院することになりました。その間にケアマネジャーが社会福祉協議会の成年後見センターに相談し、Oさんの申立てにより夫婦の成年後見人が選任されました。Oさんには保佐人としてPさんが、夫には成年後見人が選任されました。

　保佐人は、成年後見人と異なり、選任の際に権限が定められます。この権限を守って後見事務を行うことが必要です。Pさんが保佐人に選任された際の権限は次のとおりでした。

ストーリー8
Oさん夫婦おのおのに第三者の成年後見人・保佐人が選任されて

[Pさんの保佐人としての権限]

1. 預貯金に関する金融機関との一切の取引（解約・新規口座の開設を含む）
2. 年金その他の社会保障給付の受領
3. 家賃、地代、公共料金の支払い
4. 介護契約（介護保険制度における施設利用・介護サービス等の利用契約）
5. 介護認定の申請および認定に関する不服申し立て
6. 医療契約および病院への入院に関する諸手続
7. 遺産分割または単独相続に関する諸手続
8. 以上の各事務の処理に必要な費用の支払い、その他関連する一切の事項

連携すべき福祉専門職を知ろう

コラム7

　後見人（成年後見人・保佐人・補助人）はネットワークの中で本人を支えていくために、各分野で豊富な知識・技術等を持つ専門職等と連携します。ここでは福祉領域の国家資格について紹介します。

　社会福祉士は、わが国で最初に社会福祉専門職として制定された国家資格です。身体もしくは精神上の障がいのある者、または環境上の理由により日常生活を営むのに支障がある者の福祉に関する相談、助言、指導その他の援助を行う者とされ、施設では生活相談員などの職名でいることが多いのです。

　精神保健福祉士は、①精神障がい者の社会復帰に関する相談、助言、指導　②精神障がい者に対する日常生活への適応のために必要な訓練　③精神障がいのために生じる学校、職場、家族などでの社会関係上の問題などの解決に向けての支援を行い、市町村、精神科病院、精神障がい者社会復帰施設などに配置されています。

　医療相談員（MSW） は、主に医療機関で、患者や家族の入院中の生活上の諸問題や経済的援助、入退院の援助、退院先を探したり退院後の生活を一緒に考えてくれます。医療スタッフとの連携も得意です。

　介護支援専門員（ケアマネジャー） は、介護保険利用の際のキーパーソンです。試験と研修を経て都道府県知事の登録を受け、居宅介護支援事業所や介護保険施設などに所属してケアプランを作成し介護支援サービスの連絡調整をしてくれる人です。

ストーリー8
Oさん夫婦おのおのに第三者の成年後見人・保佐人が選任されて

エピソード① 今後の生活の場の確保

　Oさんは、入院中は「家に帰りたい」という強い思いがありました。しかし、Pさんと何度も面会して、認知症の夫の介護をしながら自宅で生活することは負担になることや、二人の健康状態と経済状況を考えても難しいということを話すうちに、夫婦二人での在宅生活は難しいと理解し始めました。Pさんは保佐人の候補者の段階で、このようにOさんに何度も面会に行き、これからOさんを支援していく支援者であることを理解してもらえるようになりました。

　Oさんと夫には子どもはなく、親戚付き合いもほとんどない状態だったため、別々の場所で生活することに強い拒否感がありました。二人にとって唯一の家族であるお互いの存在は大きいものでした。そこで、二人がいっしょに生活できる施設を中心に検討しました。

　具体的に新しい生活の場を探すにあたり、検討会議は4人で行われました。Pさんと夫の成年後見人、夫のケアマネジャー、申立ての支援をしてくれた社会福祉協議会の権利擁護担当者です。夫のケアマネジャーからは二人の生活歴などの情報を得て「どのようなところがよいか」、「夫婦にとって最善の環境とはどのようなところなのか」を何度も話し合いました。

　特別養護老人ホームへの入所も検討しましたが、待機者が多い状態なのであまり現実的ではなく、また要介護度も夫が要介護3でOさんは要介護1だったため候補から外されました。そこで、二人がいっしょに入所できる可能性が高いグループホームを探しました。Oさんの希望は「できるだけ今住んでいるところから近いところが

いい」ということだったので、何件か候補に挙げたグループホームのうち、現在住んでいる公営アパートから一番近いグループホームを見学に行き、Oさんも夫も気に入ったので、そこに決めました。

> **後見人の悩み**　生活の場（施設）をどのように探したらよいのか？

　Oさんの場合、自宅で暮らすことも検討しましたが、認知症が進んでおり、食事は1日にカップラーメンを1個食べるというような生活をしていました。しかしOさんは自力で歩くことができ、日常生活に支障がない程度の身体能力であったので、要介護度は1でした。そのため、自宅で生活をするには、介護保険によるサービスでは多くの生活介助を期待できません。

　他の案としては、認知症がかなり進行している夫が自宅近くの有料老人ホームに入所して、Oさんは在宅生活を続けるということも考えられます。また、預貯金を切り崩して二人で在宅生活を続けることも考えられます。その場合、年金と預貯金を合わせても使い切ってしまう可能性が高いので、またすぐに別の生活の場を探さなければいけません。

　生活の場を決めることは、誰にとっても重要なことです。本人の意思を最大限に聞いたうえで本人にとって最も良いと思われることを考えることが大切です。また、何を優先させるかを順序立てて決めていくことも大切です。

　施設入所が予想されるときは、まずどのような施設があるのかを一度調べてみることで、実際その場面になったときスムーズに考えられます。

ストーリー8
Oさん夫婦おのおのに第三者の成年後見人・保佐人が選任されて

エピソード② 引越しと公営アパートの解約

　Oさんは検査入院という名目で入院されていたので、「まさか7カ月近くも病院から出られないと思っていなかった」と不満を言っていました。そのため、Pさんは病院から外出許可をもらって自宅の公営アパートに戻り、まず入院中に必要な生活用品や衣類を持ち帰りました。その後、新しい生活の場となるグループホームで必要な物の整理をしに、外出許可を得て自宅に戻りました。自宅で荷物を整理できる時間は、Oさんの体力的にも限られており、1日3～4時間程度で、家財道具をまとめるのは容易ではありませんでした。
　また、グループホームに一度見学に行ったものの、グループホームというところは、どのような生活の場なのかあまり想像がつかなかったようで、共有スペースには冷蔵庫や洗濯機、炊飯器等の家電製品が用意されていますが、それを「なぜ自分の持っている物を持っていって使わないのか」と、理解するのに時間がかかりました。
　Oさんはグループホームに入所後も自宅のことが気になる様子で、納得がいくまで数回自宅に戻って荷物の整理をしました。自宅である公営アパートはグループホームに入所後1カ月間は解約せずにしておいたので、何度も戻ることができ、Oさんにとってよかったと思われます。本人たちにとって、「家」というのはとても精神的に影響が大きく、もし今後グループホームにいられない等があっても帰れる家があるというのはよいことでしょう。しかし、住まないまま家賃を払うことやその管理のこと等を考えると、保佐人としての権限に任されている中で自宅をどのくらいの期間残しておくか、どん

〔エピソード２〕 引越しと公営アパートの解約

な時点で解約するべきか悩みました。夫の成年後見人といっしょに検討しましたが、残しておくのは経済的に現実的でないということで、その後１カ月で解約することにしました。解約は居住用不動産の処分ということになるので、契約者である夫の成年後見人が申立てをし、実際の公営アパートの解約についてはＰさんが行いました。

> **後見人の悩み？** 施設に入所後、自宅はどのくらい残しておけばよいの？

　居住用不動産の処分とは、民法859条の３に規定されている「成年後見人は成年被後見人に代わって、その居住の用の供する建物又はその敷地について、売却、賃貸、賃貸借の解除又は抵当権の設定その他これらに準ずる処分をするには、家庭裁判所の許可を得なければならない」というものです。住居は生きていくうえでとても重要なものなので、それを処分する場合にはこのように家庭裁判所の許可が必要になります。

　Ｐさんは、Ｏさんの「入院先から一度は自宅に戻って落ち着いて荷物を整理したい」という気持ちと実際の経済状況を考えて、１カ月後に公営アパートを解約しました。

　しかし、グループホームを含め施設や病院への長期入院のような、自宅に戻れる可能性がある場合には、住居をいつまで残しておくかについては特に規定はありません。施設や病院にいる間も自宅の家賃や維持費を払っても、負担にならないのであれば、そのまま残しておいてもよいかもしれませんが、負担になる場合は期間を決めて解約することが必要になります。

ストーリー8
○さん夫婦おのおのに第三者の成年後見人・保佐人が選任されて

エピソード③ 日用品の購入

　入所したグループホームには二人部屋はなく、夫と○さんの部屋は隣同士で、左右対称の間取りでした。扉を開けていることも多かったので自由に行き来できました。入所当時は、夜間に夫がトイレに行きたくなると○さんを起こしていっしょに行くので、○さんは寝不足になり、あまり安定した生活を送れないこともありましたが、夜勤職員がすぐに対応するようになったので解消されました。

　入所にあたり、処分してきたものもたくさんありましたが、新たにグループホームで使うカーペットや防炎カーテンなど購入したものもあります。その購入費用は夫の資産から支払ってもらいました。

　入所後、○さんは「部屋に置く物干しがほしいわ」と言いました。長年主婦として生活してきた○さんは、ハンカチや小さいタオルやマスクなどは、小さなタオル掛けのようなものに干したいとPさんに言いました。入所後も変わらず夫の身の回りの世話をしているので「おじいちゃんはお金を持っているから、代金はおじいちゃんの方からお願いしますね」と言いました。Pさんは、○さんの部屋に置くものだから○さんの預貯金から負担したほうがいいと思いましたが、夫の成年後見人と相談したところ、夫の物も干すことを条件に夫の資産から出してもらいました。

　夫婦が認知症になる前にいっしょに暮らしていたときは、きっとそのようなことを考える必要はなかったのでしょうが、それぞれが認知症になりその財産と権利を守っていくために保佐人と成年後見人がそれぞれについた今は、今までのようにはいかず、きちんと話

し合いと場合によっては手続が必要なのだと考えました。

> **後見人の悩み❓** 夫の資産が専業主婦であった妻より極端に多く、妻の生活を維持していくためにその資産に頼らなければならない場合は、どこまで夫に負担してもらえるのか？

　成年後見制度では、夫婦二人で貯蓄した資産であっても、預貯金等の名義は個人のものであり、基本的にはそれらは夫婦それぞれの資産と考えます。Oさんと夫の資産は別々なので、それぞれの生活にかかる経費はそれぞれが自分の資産から支払います。しかし、共働きでない夫婦の場合、夫の資産は主婦として支えてきた妻の働きによるものともいえ、さらに夫婦の場合は扶養義務があります。そのため、夫婦それぞれの生活にかかる費用も、Pさんと夫の成年後見人との話し合いによって決められることもあります。費用負担の金額が大きい場合や長期にわたる場合などは、家庭裁判所に相談するのがよいでしょう。

　また、夫婦であってもお互いの考えが異なっていることは自然であり、それぞれの考えを尊重するという点で、それぞれの権利を守る支援者として後見人（成年後見人・保佐人・補助人）が選任されています。そして後見人どうしが本人の最善の利益を考えてよく話し合うことが、多くの場面で求められてきます。夫婦にそれぞれ後見人が選任されている場合、夫婦と言う枠組みで支援を考え後見人どうしの連携を考えがちですが、あくまでも個々の被後見人（成年被後見人・保佐人・補助人）の生活に十分配慮しながら、さらに夫婦での生活にも気を配るという通常の後見人活動ではない特別な視点も意識する必要があります。

ストーリー8
Oさん夫婦おのおのに第三者の成年後見人・保佐人が選任されて

エピソード④ 配偶者への扶養請求

　グループホームで生活するようになり2年ほど経った頃、Oさんの資産は約半分になり、残りが少なくなってきました。Oさんの資産はもともと少なく、毎月約15万円の赤字だったため、入所から1年半経った頃に、Pさんは夫の成年後見人にOさんの施設費用を支払ってもらうように扶養の請求をしました。

　保佐人選任時の調査官との面接のときに、調査官から「Oさんの預貯金に関しては、いずれ足りなくなった分を夫から扶養してもらうようになる」と言われていました。夫の成年後見人もいっしょに面接したので、そのことを了解していました。

　また、グループホームに入所するときに、すでに90歳半ばを迎えていた夫は、いずれ特別養護老人ホームに入所するかもしれないと考えていたので、Oさんの施設費用は、費用負担が軽くなった夫から支払ってもらうようになるだろうと話し合っていました。

　扶養請求に至るまでは、Oさんの資産が約2年でなくなる頃に夫の成年後見人と一度話し合い、上申書を家庭裁判所に提出することで合意しました。上申書とは家庭裁判所に何かをお願いするときに書いて提出する書類です。内容は、毎月の施設利用料を夫の資産から支払ってもらいたいというものでした。上申書提出後、家庭裁判所からの回答は「後見人どうしで話し合って決めてください」というものでした。

　夫の成年後見人にそのことを伝えると、「法的に求められるものではないけれど、こちらでも裁判所に報告する必要があるため形で

残したいので『扶養請求書』のようなものを提出してください」と言われました。

そのためＰさんは、Ｏさんの資産をどのように支出してどう使っていくかとういう計画や支出状況をどう改善していくかということを書いて「扶養請求書」を作成し、夫の成年後見人に提出しました。

その後、Ｏさんの残りの資産が100万円になった頃、夫からグループホームの費用を扶養してもらうことになり、Ｏさんの預貯金と合わせて毎月利用料を支払っています。

> **後見人の悩み**
> 夫に施設費用を支払ってもらう（扶養）場合はどのようにするのか？
> 預貯金の残高がいくらぐらいになったら扶養請求すればよいのか？

成年被後見人である夫など扶養義務者に施設費用等を支払ってもらうには、家庭裁判所に「資産が少なくなってきたので夫の財産から支払ってもらいたい」という趣旨の上申書を提出します。上申書には収支状況報告書と財産目録を添付します。そうすると家庭裁判所から夫の成年後見人に「妻に対して○○円扶養するように」という連絡があることが多いようです。

いくら資産を残しておけばよいのかという問題は、特に定まっていませんが、後見人として最低限必要な金額を考えるとだいたい決まってきます。今後必要になってくると考えられる入院・手術費を含む医療費や葬儀費用、後見人報酬等は確保しておきたいと考えられます。

ストーリー9
Qさんの家族後見人から引き継ぐ

ストーリー9

Qさんの家族後見人から引き継ぐ

● このストーリーのポイント ●

① 家族後見人からバトンタッチを受ける

② 成年後見人は家族からの相談に乗れるか？

③ 長女が成年後見人のRさんに遺贈しようとしていた！

主人公Qさんの生活メモ

〔本人の状況〕

性　　別：女性

年　　齢：81歳

婚 姻 歴：夫と死別

家　　族：ひとり娘（50歳）と同居

親族関係：甥

介護の必要性：要介護3

収　　入：年金　月額約10万円

財　　産：預貯金約300万円

住　　居：公営住宅に居住

〔主人公Qさんの生活メモ〕

疾　　病：アルツハイマー型認知症
〔利用しているサービス〕
病院への定期通院、訪問介護（ヘルパー）による身体介護、デイサービス、ショートステイ
〔関係機関〕
地域包括支援センター、ケアマネジャー、行政（高齢福祉担当）

〔成年後見制度利用のきっかけ〕

　10年前に夫を亡くしたQさんは、ひとり娘と同居していましたが、4年ほど前から認知症の症状が出て「アルツハイマー型認知症」の診断を受けました。長女は「面倒をみるのは自分しかいないが、万一自分に何かあったときにも、お母さんには最期まで充実した生活をしてほしい」と考えていました。「家族がいなくても、成年後見人がつくことで、本人の意向に添って支援してくれる」ということを市民向けの成年後見制度講演会で知り、まずは2年前に長女が成年後見人となりました。

　1年後、その長女が、進行ガンと診断されました。親族としては、他県に従兄（Qさんの亡姉の息子）が住んでいて、たびたび母子のもとを訪れ、親族としての関係はどうにか保っていましたが、伯母（Qさんの姉）が亡くなったときにトラブルがあったことに長女はひっかかりを感じていました。そこで、長女は、自分も信頼できる人に、よりスムーズに母の後見事務を引き継ぎたいと考え、自分が生きているうちに、第三者の成年後見人の選任を申し立てすることにしました。自分が辞任し新たな成年後見人に引き継ぐことも考えましたが、できる限りこれまでの母とのかかわりを維持しながらバトンタッチしたいと考え、複数後見人の申立てを行ったのです。

ストーリー9
Qさんの家族後見人から引き継ぐ

エピソード① 家族成年後見人からバトンタッチを受ける

長女が、以前、講演会に行ったときにもらった資料の中に、「第三者成年後見人を探すためには」という連絡先リストがありました。講演会で聞いた市民成年後見人に依頼することを考えていましたが、まだ地域には行政や社会福祉協議会あるいは専門職団体とつながりをもつ市民成年後見人の団体はできていなかったので、専門職団体に相談し、候補者の紹介を受けました。その結果、Rさんが複数後見人に選任されました。

後見人の悩み
第三者後見人が成年被後見人に関する役割を引き継いだときに配慮するべきことは？

このエピソードでは、地域にまだ公的な団体等で安心して市民後見人を依頼できる体制がないことから、長女の強い希望で専門職が第三者後見人に選任されました。今後、一定の研修を受けてサポート体制も確立している市民成年後見人の候補者が増えてくれば、そのような方が成年後見人として選任される例が増えていくものと思われます。

また、成年後見人である長女は以前の親族間のトラブルから、信頼感という点で、自分の後任に親族を選びませんでした。しかし、これまでの生活からは、長女の代わりは甥がすることが、自然なようにRさんには思われました。そして、Qさんの認知症や娘の病気について知らされ、

〔エピソード１〕　家族成年後見人からバトンタッチを受ける

当然自分が成年後見人に選任されると思っていた甥に対しても配慮することがＱさん自身の生活、特に親族から受けられる支援を豊かにするものだとＲさんは考えました。

　後見人（成年後見人・保佐人・補助人）が被後見人（成年被後見人・被保佐人・被補助人）の家族との関係を良好に保とうとするとき、これまで被後見人の世話をしてきた、あるいは関係を保ってきた親族を労いながら後見人と親族の役割の違いを明確に説明して協力を引き出すことが重要です。医療同意や身元保証などを親族にお願いすることと、後見人のすべきこととして金銭の支払いや契約等であることを説明しておきましょう。特に、施設生活では、予防接種や看取り看護の同意など施設から後見人への意思確認がさまざまにあります。医療同意など権限がないことで後見人が対応に苦慮することも、正式には権限がないとはいえ親族であれば対応できることもあります。一方では、親族であっても被後見人にどうかかわっていくか悩んだり迷うこともあるのです。

　後見人は、被後見人に関する事項については、親族の相談にも乗れるよう良好な人間関係を築いておくことが、本人のためにも望ましいことだと思います。

ストーリー9
Qさんの家族後見人から引き継ぐ

エピソード② 成年後見人は家族からの相談に乗れるか？

　Qさんの成年後見人に選任されたRさんは、Qさんと面談しながら、長女とも話す機会が多くありました。
　その中で、長女より「Rさん、私の死後のいろいろな整理もぜひお願いしたいのですが」という相談を受けました。Rさんは驚きましたが、「私はお母様の成年後見人であり、娘であるあなたの立場とは利益がぶつかることもある（利益相反の関係）から、あなたからのご相談に乗ることは適当ではないのです」と答えました。
　長女は「遺言も書きたい」ということだったので、法律関係職に相談していただくのがよいだろうと考え、後日Rさんは、長女に、弁護士会、司法書士会、行政書士会などの資料を渡しました。

> **後見人の悩み❓** 家族から相談されたときには、どのようにしたらよいか？

　同居する家族がいる方の成年後見人になった場合、頼られて、本人以外の家族からいろいろな相談を受けることがあるかと思います。自分が話を聞いて動いてしまうほうが早いし確実だ、と思えることもあるかもしれませんが、成年後見人は、あくまでも「本人の」支援者であって、家族の支援者ではありません。場合によっては、本人と家族の利益が食い違うこともあり、家族の相談に乗ることは避けたほうがよいでしょう。

〔エピソード2〕 成年後見人は家族からの相談に乗れるか？

　かと言って、困っている家族に何も情報を差し上げないというのはどうでしょうか。最低限の信頼できる情報を差し上げることは問題ないと思われます。そのためにも、「この種の相談は、どこに相談すればよいか、誰につなげばよいか」の引き出しをたくさんもっておくことが大事です。

　なお、長女が「死後の整理をしてほしい。遺言も書きたい」と言っていますが、近年、「安心して自分で死への準備をするために」などとして、「死後の手続の代行」「葬儀」「遺言執行」などを生前契約できるとうたっている業者が増えています。しかし、すべての業者が安心して死後の事務を任せられるわけではないようで、非営利のNPO法人であっても、油断は禁物です。「ホームページの雰囲気がよさそうだから」というような理由で業者を決めることのないよう、周囲の人たちに注意をうながしましょう。

ストーリー9
Qさんの家族後見人から引き継ぐ

エピソード③ 長女が成年後見人のRさんに遺贈しようとしていた！

　長女は、Rさんが複数後見人に選任されて3カ月後に亡くなりました。死亡の連絡を受け、RさんはQさんを連れて斎場に行きました。長女は生前に友人に葬儀について「葬儀はしない。香典はいただかない」などと頼んであったようです。友人がその遺志に沿って「お別れの会」を開いてくれました。Qさんは、その場では涙にくれていましたが、帰りのタクシーの中ではすぐに忘れてしまった様子でした。RさんはQさんがショートステイ中の介護老人保健施設の職員に「忘れているようですが、思い出して不安定になるかもしれませんのでよろしくおねがいします」と伝えました。

　その後ほどなくして、長女の遺言執行者から連絡がありました。長女は、生前に公正証書遺言を作成していたそうで、その遺言書に「母の成年後見人であるRさんにたいへんお世話になり、私の死後も母をよろしくおねがいしたいので、200万円を遺贈します」と書かれてあったというのです。

　Rさんは、遺贈を受けるのは専門職の成年後見人として倫理に反することであると考え、その旨を遺言執行者に伝え、辞退しました。
　これにより、Qさんに長女の預貯金約1500万円が相続されました。

後見人の悩み　成年後見人としての自分に遺贈されたら？

〔エピソード3〕 長女が成年後見人のRさんに遺贈しようとしていた♪

「私には成年後見人しか、信頼できる人がいませんでした。遺産は成年後見人である○さんに遺贈します」などと、本人や家族から遺言で遺贈の指定を受けることがあるかもしれません。日本司法書士会連合会や日本社会福祉士会など専門職の成年後見人として携わる職能団体では、遺贈などについて倫理綱領を設け禁止しているところもあり、成年後見人の役割から遺贈の対象となることは望ましくないと考えられます。

●日本社会福祉士会倫理綱領

「社会福祉士の倫理綱領」

倫理基準1）利用者に対する倫理責任
　2　（利用者の利益の最優先）社会福祉士は、業務の遂行に際して、利用者の利益を最優先に考える。

「社会福祉士の行動規範」
　1）利用者に対する倫理責任　　2．利用者の利益の最優先
　2－2．社会福祉士は、利用者から専門職サービスの代償として、正規の報酬以外に物品や金銭を受け取ってはならない。

ストーリー10

夫の死後の事務を妻のSさんと成年後見人が行う

● このストーリーのポイント ●

① 死亡した夫の葬儀、納骨への対応

② 相続人の捜索と遺品の整理

③ 定期報告と報酬付与申立て

主人公Sさんの生活メモ

〔本人の状況〕

性　　別：女性

年　　齢：73歳

婚 姻 歴：あり

家　　族：夫83歳

親族関係：兄夫婦が隣に住んでいる

介護の必要性：要介護4

収　　入：年金月額約6万円

財　　産：預貯金約1000万円

住　　居：特別養護老人ホーム

〔主人公Sさんの生活メモ〕

疾　　病：脊髄小脳変性症、認知症
〔利用しているサービス〕
特別養護老人ホームに入所中
〔関係機関〕
夫のケアマネジャー、市役所の高齢福祉課職員、
特別養護老人ホームの相談員

〔成年後見制度利用のきっかけ〕

　現在、特別養護老人ホームで生活をしているSさんは、3年前まで夫と二人で、自宅で生活をしていました。夫とSさんには子どもはなく、隣の家にSさんの兄夫婦が住んでいましたが、兄夫婦とはあまり仲が良くなく、ほとんど親戚付き合いはありませんでした。

　夫が退職してまもなくSさんは脊髄小脳変性症という難病を発症し、徐々に歩くことや食事を自分ですることができなくなってきました。発症してすぐの頃は、夫がSさんの簡単な身の回りの世話をしていましたが、夫も認知症になり介護保険のサービスを利用し、昼間はデイサービスに行くようになりました。Sさんも自宅で介護が必要になっていたので介護保険のサービスを利用し、ほとんど毎日ヘルパーが介護をしてくれました。Sさんの病状は徐々に進行し、車いすで移動するようになった頃、Sさんは以前から申込みをしていた同じ市内の特別養護老人ホームに入所することができました。

　入所手続については隣に住んでいるSさんの兄夫婦にお願いしてなんとかできました。しかし、Sさんが自宅にいた頃にSさんと夫の介護サービスの計画を担当していたケアマネジャーは、Sさんと夫の財産管理はどうしたらよいのか悩みました。そのことを行政に相談したところ、

ストーリー10
夫の死後の事務を妻のＳさんと成年後見人が行う

「成年後見制度」を教えてもらい、その利用支援をしている社会福祉協議会の「成年後見センター」を紹介してもらいました。

　成年後見センターの職員からは、「成年後見の申立てをするのに、誰か申立人になる親族の方はいませんか？」と聞かれました。Ｓさん夫婦のケアマネジャーは、特別養護老人ホームの入所手続を行ってくれたＳさんの兄夫婦に相談しましたが、「うちは年だし、そういう難しいことにはもうかかわりたくないな」と断られました。そこで仕方なく「申立てできる親族は見つかりませんでした。どうしたらいいですか」と相談したところ、成年後見センターの職員は「親族がいない方のためにお住まいの市区町村の長が申立人になることができます。Ｓさんの場合は、市長申立てにしましょう」と言い、Ｓさんと夫は市長の申立てによって、ＳさんにはＴさんが、Ｓさんの夫にはＵさんがそれぞれに成年後見人が選任されました。

　Ｓさんの性格は友好的で、「私にはよくわからないからお任せしますね」というのが口癖でした。成年後見人のＴさんは、老人ホームに入所して生活環境が変わったＳさんのために、頻繁に面会に行き、何か不安なことや困っていることがないか相談に乗りました。また、老人ホームの職員とも連携していくために、なるべく多くの情報を得るようにしました。

生活保護の活用

　憲法25条は国民に生存権を保障しています。この条文を根拠に生活保護制度が実施され、医療、生活などの扶助を行っています。

　成年後見人による生活保護制度の活用は、たとえば緊急に手術を必要として入院となった成年被後見人で、入院費用が支払えない、あるいは入院費用を支払ったら生活資金がなくなる事態等が起こる場合などに、成年後見人の支援によって生活保護の申請をし、生活が成り立つよう医療扶助や生活扶助を受けられるようにします。

　もともと生活保護を受けるには、決められた基準があり、申請には本人の収入額や資産状況等が生活保護に該当するかについて成年後見人は注意が必要です。「全資産が5万円以下になったら来なさい」等自治体により言われる要件が異なる場合もあり、資産調査や親族照会もあります。また生活保護の基準に該当していても、申請書類をなかなか渡してくれなかったり受理してもらえないこともあります。しかし、「生活保護を申請する」ということは本人の権利です。生活の維持安定のためには必要なことであれば、ねばり強く代弁し生活保護受給に結びつけていきましょう。基本的には成年後見人受任の際には本人の資産状況がわかるので、将来的に生活保護受給の必要性があるかどうかの見通しがつくはずです。また、市町村長申立ての場合には、受任時に成年被後見人の将来生活設計の一環として、行政に生活保護受給の可能性等も確認し記録しておくことが、後に役立つ場合もあります。

ストーリー10
夫の死後の事務を妻のＳさんと成年後見人が行う

エピソード① 死亡した夫の葬儀、納骨への対応

　成年後見人のＴさんが就任して最初の冬、自宅で生活をしていた夫が肺炎になり、入退院を繰り返し、3カ月後に心筋梗塞で亡くなりました。Ｓさんは「急だったからなんだかあっけないわ。今は気を張っているから大丈夫よ」と言い、心配するＴさんのことを気遣ってくれました。

　夫の成年後見人であるＵさんは、唯一の相続人である妻のＳさんに死後の事務を引き継ぎしてよいのですが、死亡届の提出や入院費の支払いなどをしてくれました。

　葬儀についてＳさんは「年が年だから派手じゃなく小さなお別れにしたいわ」と言ったので、Ｔさんは、夫の成年後見人Ｕさんとも相談をして通夜・告別式のない「お別れ会」という形にしました。夫の遺骨はＳさんの老人ホームのお部屋に置かせてもらうように、老人ホームの相談員と相談して決めました。Ｔさんは、自宅には誰もいないので夫の遺骨をＳさんのそばに置いておいたほうがいいと思いましたが、Ｓさんはあまり気が進まないようで「さみしいから、なるべく早くお墓に入れたい」と言いました。

　お墓のことは10年くらい前に解約したと夫から聞いたので、調べてみるとやはりＳさん夫婦にはお墓がありませんでした。Ｔさんは、夫の遺骨をずっと老人ホームに置いておくことはできないので、いろいろと探してみたところ、とりあえずお墓が見つかるまで夫の遺骨を預かってくれる霊園にＳさんといっしょに納骨に行きました。

〔エピソード１〕　死亡した夫の葬儀、納骨への対応

> **後見人の悩み？**
> 成年後見人としてどこまで家族の死後の事務にかかわればよいのか？
> お墓がない場合はどうすればよいのか？

　成年後見人の職務には成年被後見人の死後の事務は含まれませんが、このエピソードの場合、Ｓさんは夫にとって代表相続人で喪主になるので、成年後見人はＳさんの代理人として葬儀や納骨などを行うことが求められることもあります。また、この場合は相続人としてお墓も探すことも必要になります。公営の霊園ではお墓が見つかるまでの期間、一時的に遺骨を預かってくれるところがあるので、いったん預けて、その間にお墓を探すことができます。

　成年後見人は成年被後見人の死亡により、成年後見人としての権限はなくなり、後見終了後２カ月以内に「管理終了の計算報告」を家庭裁判所に提出しなければいけません。また、報酬付与審判申立てを行うこともできます。その他に身寄りがない場合や親族が非協力的な場合は、成年後見人が葬儀や医療費の支払い、住居の処分に至るまで対応せざるを得ないこともあります。ただし、埋葬については法律で「埋葬又は火葬を行う者がないとき……は、死亡地の市町村長が、これを行わなければならない」（墓地、埋葬等に関する法律９条）とされており、市町村に相談することができます。

ストーリー10
夫の死後の事務を妻のＳさんと成年後見人が行う

エピソード② 相続人の捜索と遺品の整理

　Ｓさんの親族には自宅の隣に住む兄夫婦があり、夫には一人弟がいました。弟とは数十年も音信不通で、その子ども（夫の甥）が一度自宅を訪ねてきたことがあるとのことでした。

　子どもがいない場合の法定相続分は、夫に親がいる場合は3分の2がＳさんに、3分の1が夫の親に、夫の親が亡くなっている場合で兄弟がいる場合は、4分の3がＳさんに、4分の1が夫の兄弟（兄弟がすでに亡くなっている場合は兄弟の子）になります。夫の成年後見人のＵさんは「Ｓさんが代表相続人となりますので、とりあえずＳさんに夫の遺産をお預けします」と言い、ＴさんがＳさんを代理して夫の遺産を預かりました。Ｔさんは以前Ｓさんの自宅を訪ねてきた夫の甥に連絡を取り、夫の弟や他の相続人について聞いてみましたが、夫の弟はすでに亡くなっており、他の相続人についてはわかりませんでした。困ったＴさんは、他の相続人を探すために市役所へ行き戸籍を取り寄せました。

　後日、夫の遺品を整理するためにＳさんとＴさんは自宅に戻りました。部屋の中は夫が入院した日のままで、冷蔵庫やテーブルの上にはたくさん食料品が残ったまま放置されていました。Ｔさんは一人で行うことは難しいと思い、後日、申立ての支援をしてくれた市役所の職員と夫のケアマネジャーとともにＳさん宅に行き、どのように整理するか話し合うことにしました。

　その前に、遺品は相続人の物になるので、相続人にどのようにしたらよいか確認することにしましたが、相続人は、Ｓさんのほかは

夫の弟の子どもである甥以外には誰もいません。Ｔさんたちは甥に連絡を取り、遺品をとりあえず確認してもらおうと思いましたが、甥は「特にいるものはないので、そちらで処分してください」と言いました。

そこでＴさんたちは、Ｓさんの自宅へ行って遺品の整理を始めました。市役所の職員は高齢者世帯のために貸し出しをしていた「安心電話」という設置費や基本料金が無料の電話機を回収し、ケアマネジャーは民生委員を呼んで使えそうな衣類などを地域のバザーのために引き取っていきました。また、家電や家具はリサイクル事業者に回収してもらいました。ＴさんはＳさんといっしょに部屋の中を最終的に確認して必要なものを持ち帰ったあとに、荷物の処分業者を依頼して部屋の荷物を整理してもらいました。

> **後見人の悩み**　夫の相続人をどのように探したらよいのか？
> また夫の遺品整理はどのようにしたらよいか？

　親族関係は、成年後見人の就任時に調べておくとよいでしょう。本人からの聞き取りや申立書に添付する親族関係図を参考にすることもできます。また市役所へ直接行ったり、郵送で戸籍謄本等を取ったりして調べることもできます。親族関係が複雑な場合は司法書士や弁護士に依頼することもできます。

　遺品については相続人（このエピソードの場合はＳさんと甥）の持ち物になるので、相続人と相談したうえで整理していきます。また、今までかかわってきた関係者（ケアマネジャーや市役所の職員）にも連絡をして、成年後見人と役割を分担していくことがよいでしょう。

ストーリー10
夫の死後の事務を妻のＳさんと成年後見人が行う

エピソード③ 定期報告と報酬付与申立て

　Ｔさんは、夫の死後しばらくの間はＳさんの老人ホームになるべく面会に行き、様子を見るようにしました。納骨が終わるまでは「自分がしっかりしなきゃね」と言っていたＳさんですが、納骨が終わるとほっとしたようで「本当にいろいろとやっていただいてありがとう。私は何にもわからないから全部お任せしてしまって申し訳ないわ。なんだかあなたのことお母さんみたいに頼っちゃってねえ」と言い、しばらくいろいろと昔の話をし始めました。

　数カ月後に家庭裁判所からＴさんに定期報告書の提出をするように求められました。Ｔさんは定期報告書の提出と同時に報酬付与審判の申立てをしました。定期報告書には、Ｓさんの夫が亡くなって「成年被後見人が喪主となるため」葬儀や納骨、年金手続等を行ったことを記載しました。またＳさんの様子を確認するために頻繁に面会に行ったということや、資産の面では、相続があったので収入に変化があったことも報告しました。報酬付与審判申立書にも同様に記載し、１年間の報酬の付与の申し立てました。数週間後に家庭裁判所から届いた審判書謄本には、「成年被後見人の財産の中から報酬として金42万円を与える」と書いてありました。

後見人の悩み　定期報告と報酬付与の申立てはどのようにしたらよいのか？

〔エピソード3〕 定期報告と報酬付与申立て

　定期報告とは1年に1回程度家庭裁判所から提出を求められるもので、被後見人（成年被後見人・被保佐人・被補助人）の健康状態や財産・収支の報告をするものです。報酬付与審判の申立てはたいてい定期報告書と同時に申立てをして約1年間の報酬を付与してもらいます。家庭裁判所への報告は、家庭裁判所から通知がきて求められる場合がほとんどですが、報告を求めるかどうかは家庭裁判所が判断します。そのため、後見人（成年後見人・保佐人・補助人）に選任されてから1年が過ぎても家庭裁判所から何の連絡もこないことがあります。そのような場合でも、後見実務が適切に行なわれているか客観的な見極めを求める意味で、後見人自ら家庭裁判所への報告することが望ましいといえます。

　家庭裁判所では、このエピソードのように成年被後見人の資産多寡や成年後見人として行った仕事をみて報酬を決め、審判として通知されますので、成年後見人はそれに従って本人の資産から支出します。

　定期報告書に夫が亡くなったことを報告するときも、通常の報告事項を記載して、それに加えて夫の死亡によって生活にどのような変化があったかや、それに対してどのような身上監護を行ったかなどを報告します。また、実際にどのような仕事を行ったかを具体的に報告したり、相続については収入の変化を報告したりします。

　具体的にエピソードの場合は、夫の相続人として遺品の整理をしたことやお墓を探したり、納骨に行ったことなどを報告します。また入所契約をし入所した後の成年被後見人の様子を見るために、しばらくは頻繁に面会に行ったことなども報告します。

　定期報告書以外にも、資産に大きく変化があったときには家庭裁判所にそのことを報告する必要があります。

ストーリー11

Ｖさんの入退院の手続と、医療への同意

● このストーリーのポイント ●

① 施設内で転倒し、入院が必要になった

② 医師から手術への同意を求められたら？

③ 親族から医療について意見を求められたら？

主人公Ｖさんの生活メモ

〔本人の状況〕

性　　　別：女性

年　　　齢：90歳

婚 姻 歴：なし

家　　　族：なし

親　　　族：両親は他界し、３人きょうだいの２番目。弟が病弱だが存命中。

要介護度：４

収　　　入：厚生年金等月40万円

財　　　産：預貯金約500万円

〔主人公Vさんの生活メモ〕

> 住　　居：特別養護老人ホーム
> 疾　　病：認知症
> **〔利用しているサービス〕**
> 特別養護老人ホームに入所中
> **〔関係機関〕**
> 施設職員

〔成年後見制度利用のきっかけ〕

　Vさんは、会社員として定年まで働いてきました。結婚歴はなく、70歳くらいから弟家族の近くに一人暮らしをしていました。

　大きな病気をすることもなく、趣味の茶道教室や華道教室に通い続けていましたが、3年くらい前から教室の曜日を間違えてしまったり、親睦行事の集合場所にたどりつけなかったりと、認知症の症状が出始めました。

　次第に家事にも支障が出るようになり、介護保険の限度額いっぱいにヘルパーを利用したりデイサービスを利用したりしましたが、だんだんに弟家族の負担が大きくなりました。

　弟自身も高齢になって自分も健康を害し、今後も在宅で姉の面倒を看続けることは難しいと考えているところに、以前に入所申請していた特別養護老人ホームの順番がきました。

　Vさんも「一人暮らしはもう寂しい」ということで入所に納得し、1年前に入所しました。

　この施設への入所をきっかけに、健康問題を抱えた弟の申立てで成年後見人選任の申立てを行い、第三者であるWさんが成年後見人に選任されました。

ストーリー11
Vさんの入退院の手続と、医療への同意

エピソード① 施設内で転倒し、入院が必要になった

　ある日、Vさんが入所している特別養護老人ホームから電話がありました。Vさんがつまずいて転倒して頭を打ってしまったというのです。Wさんはすぐに行って介護職員と医師からの説明を受けました。そばで見ていた介護職員によると、ホールでテレビを見ていましたが、立ち上がって歩きだそうとしたときに、テーブルの脚にひっかかってしまったようだ、ということでした。
　「外傷はほんの5ミリほどの擦り傷ですが、頭を打っているので、慢性硬膜下血腫が起こらないかどうかなど、1カ月ほどは気をつけて看ていきます」と医師から説明がありました。転倒は初めてのことでしたので、Wさんからも、「再度転倒することのないよう、見守ってほしい。つまずいたり滑ったりしないように、床の状態にも気をつけていただきたい」とお願いしました。
　Wさんは何も起こらないようにと祈るような気持ちで過ごしていたのですが、2週間後に医師から電話がありました。「認知症の症状が急に進み、左の手足に軽い麻痺が出てきました。慢性硬膜下血腫を疑って近くの病院を受診します」とのことでした。
　午後になって「やはり慢性硬膜下血腫で、入院となりました。手術になると思います」ということでした。夕方Wさんが駆けつけると、Vさんにはいつもの笑顔がなく、険しい表情をしていました。

〔エピソード１〕 施設内で転倒し、入院が必要になった

> **後見人の悩み** 入院時に必要な手続や留意することは？

　本人の容体が急変して、救急搬送で入院する場合や、あらかじめ入院の予約・申込みをして入院する場合でも、入院先の病院で入院のための手続が必要になります。特に、認知症の高齢者の場合には、入院を拒否するような言動をすることもありますので、場合によっては本人を説得するような形で入院するようなケースも考えられます。

　一般的な入院手続は保険証を提示することや入院保証金を病院窓口にて預け、入院の申込書類や、タオルや衣類のリース・洗濯物の契約等が必要であれば、そのための書類に記入をします。

　担当医から治療の方針についての説明を受ける場合もあります。

　入院生活に必要な物品について病棟看護スタッフから説明があるので、施設（この場合は特別養護老人ホーム）の職員と分担して揃えるようにします。

　本人の年金所得額によっては、入院中の医療費や食事代の減額を受けられることもありますので、市役所や病院の医療相談窓口で確認するようにしましょう。入院中に使用した紙おむつ代の補助がある自治体もあります。

　また、Ｖさんが入院給付金を受け取れるような保険に加入しているような場合には、保険金の請求も成年後見人として遅滞なく行えるように早めに確認しましょう。

ストーリー11
Vさんの入退院の手続と、医療への同意

エピソード② 医師から手術への同意を求められたら？

　あいにくVさんの弟とは、連絡がとれず、まずはWさん一人で医師からの説明を受けました。
　「脳の中で、じわじわ出血していて、脳を圧迫している。このままだと認知症様症状も進むし、麻痺も進む。出血がとまらなければ命の危険もある。手術は頭に穴を開けて血を吸い出す簡単な手術で、これで現在の症状はかなり改善するはず。この状態で手術をしないということは、まずありません」ということでした。
　しかし、成年後見人Wさんには、麻酔の注射や手術への同意権はありません。
　その旨を医師に説明すると、「前に、Vさんが骨折してこの病院で手術したときには弟さんがサインしてくれたときいているが、どうして成年後見人にはサインができないのか」と、機嫌を悪くしてしまったようでした。
　Wさんは困ってしまいましたが、約1時間後に、やっとVさんの弟に連絡がつきました。なんとか弟に病院に来てもらい、再度医師から説明してもらうことができました。

後見人の悩み　成年後見人には、麻酔の注射や手術に対しての同意権はないのに、医師にそのことが知られておらず、同意を求められることがある。どうしたらよいか？

〔エピソード２〕 医師から手術への同意を求められたら？

　「成年後見人には、麻酔の注射や手術への同意権はない。同意書にサインをする権限はない」ということを知らない医師は、まだたくさんいます。機嫌を損ねてしまうこともあるでしょう。

　この事例では、幸いなことに弟に連絡がついたので、弟に判断してもらうことができましたが、親族が誰もいない場合には、「成年後見人には医療への同意権がない」旨を丁寧に医師に説明するほか、その病院に医療相談員がいれば、同席してもらって口添えしてもらうのも、一方法でしょう。

　その際、成年後見人としては、「同意する権限はありませんので、すべてお任せいたします」という突き放した姿勢をとることは望ましくありません。

　たとえば「手術を受ける必要性、手術を受けることでの身体的なメリット」をよく確認すると同時に、そのことが本人の生活に及ぼす影響をさまざまに考えて医師や医療相談員等とよく相談し、最終判断を医師にお願いすることが大切です。

　たとえば、施設に入所されている方が誤嚥性肺炎で入院し、胃ろう造設の手術をすすめられた場合、「その施設では胃ろうの方を退院後受け入れられるのか、受け入れられないのか」という情報は、手術を受けるかどうかの大きな判断材料となるでしょう。胃ろう造設の手術が必要で残念ながらそれまで利用していた施設で胃ろうの方の受け入れが困難であれば、退院に備え受け入れ可能な施設を早目に探していくことも成年後見人には求められます。手術など医療同意権は成年後見人には認められていないものの、成年被後見人の人生を見据えて、医師からの説明を受けること、あるいは医師からの説明を受けた家族から話を聞くことは成年後見人の大切な役割といえます。

ストーリー11
Vさんの入退院の手続と、医療への同意

エピソード③ 親族から医療について意見を求められたら？

　再度の医師の話でも、「手術は難しくなく、Vさんの体力や体調からは手術は可能と思われる。が、やはり手術なので成否や術後の経過を保障するものではなく、親族で手術をするかしないかは決めてほしい」というものでした。弟には最初、Vさんの高齢を理由に手術をしてほしくないような雰囲気がありました。ただ、弟だけでは迷うようで成年後見人にも意見が求められました。成年後見人個人としての考えも思いもありましたが、成年後見人には重大な医療行為のことについて口をはさむ権限はないと伝えるだけにとどめました。

　最終的には、弟が「手術をお願いします」と決定し、同意書にサインしました。

　手術は翌日行われました。経過は良好で、Vさんは2週間ほどでもとの特別養護老人ホームに退院しました。

> **後見人の悩み**
> 　成年後見人には医療同意の権限がないことはわかっている。親族がVさんの思いをくみとり適切な判断をしてほしいものだ。

　成年後見人に医療同意の権限、特に、生死にかかわる重大な手術に同意する権限がないことはいうまでもありません。成年被後見人が人生を

全うできるよう親族が適切な判断ができるよう成年後見人が知り得ている情報を伝えることは成年後見人の役割といえます。

　Ｖさんの場合、長い間近くに住んでいた弟が、能力が低下していなかった頃のＶさんが「高齢になったら手術をしてまで長生きをしたくない」とよく話していたことを覚えていて、「もしもの時の意思決定書」まではなかったものの、かなり迷ったようでした。しかし、「お医者さんは、『この状況で手術しないことはまずありえません』とおっしゃってましたよねえ」と何度もＷさんの顔を見ながら考え、最終的には、手術を決断されました。

　費用的にはＶさんの資産で問題がなかったことから、治療費の支払いについて成年後見人が同意しました。

　このような命にかかわる重大な手術だけでなく、肺炎などによる入院、精密検査など認知症高齢者にとって医療は不可欠です。親族等適切な医療同意者がいないときには成年後見人はどのような対応をすべきか悩むことになりますが、救急医療など緊急時に決断対応できる親族の存在は成年後見人にとって大きな味方となります。そのためには、成年後見人に選任されたら、成年被後見人と接する可能性のある親族とは、面会や手紙・電話など何らかの方法で接触できるかさぐることは重要です。

●退院時の留意点

　退院可能になると、病棟看護師などから退院日についての打診があるので、施設にも連絡したうえで退院日を決めます。退院時には入院費の精算をして退院証明書の交付や、退院時処方の薬の説明を受けて退院します。退院後の通院が必要な場合もあり、通院の手配や依頼をすることも大切です。

ストーリー12

病院で最期を迎え、死後も成年後見人によって支えられた身寄りのないＸさん

●このストーリーのポイント●

① 施設入所したが「自宅へ帰りたい」としきりに訴えがある

② 入退院の繰り返しターミナルを迎え看とりの時期に

③ 相続人の居ない場合の成年被後見人の死後

主人公Ｘさんの生活メモ

〔本人の状況〕

性　　別：女性

年　　齢：83歳

婚姻歴：あり

家　　族：夫と二人で暮らしていたが夫はすでに末期がんで入院中　子どもなし

親族関係：姪が他県に居住していたが、本人より前に他界

収　　入：年金月額約13万円

財　　産：預貯金約200万円

住　　居：市営住宅から施設に入所

〔主人公Xさんの生活メモ〕

疾　　　病：認知症、脊椎間狭窄症
〔利用しているサービス〕
特別養護老人ホームから入院中
〔関係機関〕
ケアマネジャー

〔成年後見制度利用のきっかけ〕

　Xさんは、夫と二人で郷里から出てきてこの地域でずっと暮らしてきました。仲の良い夫婦でしたが子どもはなく、夫が病気になってからは一人で看病していました。その内にXさんに認知症が発症し、気がついた訪問看護師がケアマネジャーと連携して夫を入院させ、本人は想い出の詰まった市営住宅で生活し、夫を見舞いながらヘルパーの支援で暮らしていました。しかし、夫が他界した後、火の始末ができないことから長くかかわって信頼関係のあるケアマネジャーが地域包括支援センターにつなぎ、かかわってくれる親族がいないため市長申立てで成年後見人にYさんが選任されました。

　Xさんはすでにケアマネジャーが施設に入所を申し込んであったので、ほどなく特別養護老人ホームに入所できましたが、本人は施設に入所することを納得していなかったのか「家に帰りたい」という訴えがたびたびありました。

　しかし、どうにか施設での生活が落ち着いてきた頃から、徐々に体力が低下し入退院を繰り返すようになりターミナルの時期を迎えました。

　そして、自宅にも施設にも帰ることができないまま、長期の療養病院で成年後見人に看取られて亡くなりました。しかし、相続人もいないこともあり成年後見人が死後の事務までせざるをえませんでした。

ストーリー12
病院で最期を迎え、死後も成年後見人によって支えられた身寄りのないXさん

エピソード① 施設入所したが「自宅へ帰りたい」としきりに訴えがある

　入所の際、これまでの信頼関係からケアマネジャーが同行したのですが、帰る際にXさんもいっしょに帰ろうとしてひと悶着ありました。その後も、毎日「自宅に帰りたい」「どうして私はここにいなくちゃいけないの」と不穏になり混乱も見られました。一度は、施設から一人で出ていってしまい介護職員から成年後見人に緊急連絡が入りました。成年後見人として、ケアマネジャーが申し込んだ施設に入所できるようになってすぐに入れたことに最初疑問は感じませんでしたが、Xさんの帰宅したいという訴えを聞くうち、Xさんにとって本当によかったのか、自宅での生活は本当に無理だったのかと、あらためて悩む日々でした。Yさんが行くと、Xさんは喜ぶどころか「早く帰れ」とそっぽを向くこともありました。
　そのような中で成年後見人のYさんは、本人は花が大好きで園芸が得意だったとケアマネジャーから聞いていたので、介護職員に伝えたところ、Xさんに対して「園芸について教えてほしい」という態度で接していくと、介護職員に花の扱いを教えたり花壇の世話をかって出る等ということもみられるようになりました。
　やがて、2カ月もすると、介護職員の働きかけもあり、施設内で本人なりの役割（花壇の花の水やり）と気にいった居場所（庭の見える出窓のベンチ）を見出し、本人の生活にも張りやリズムが出て落ち着きが見え始めました。またちょうど行われた花見などの行事なども、本人は楽しむことができ、他の行事等にも積極的に参加するようになって、笑顔が見られる日々が増えました。

〔エピソード１〕 施設入所したが「自宅へ帰りたい」としきりに訴えがある

> **後見人の悩み** 本当にこれで本人のためによかったのだろうか？

　成年後見人は、施設入所にあたり、入所契約をします。しかし、すでに施設入所が決まってから成年後見人に選任された場合、それまでの経過を十分に理解できないまま手続を成年後見人として進めたものの、これでよかったのかと悩むこともあります。本人が施設やグループホームの生活になじまず「帰る」と徘徊したり、「だまされた」「どうしてこんな所に入れられたのか」等や、本人が出ていくのを止められて怒り暴力をふるう等が重なると、特にその思いは強くなるかもしれません。

　入所にあたり、本人意思はきちんと確かめられていたか？　他に方法はなかったのか？　本当にこれが本人のために一番よかったのか？　本人意思の外で周囲の都合が第一に入所が決められている場合もないとはいえないでしょう。入所してからでは確かめようがなかったりします。

　だからこそ成年後見人は、成年被後見人に会い見守りを続け、成年被後見人のそのつどの意思を確認しできるだけ尊重しながら、最善の方法を模索していきます。そして、そのような成年被後見人との関係の中で、周囲の支援を引き出して本人の個性を理解されできるだけ安定した生活ができるように情報提供します。ここでは、ＹさんはＸさんについての情報を信頼関係のあったケアマネジャーから得て、施設の介護職員に提供してかかわり方を工夫してもらっています。このようなことは、特に十分なかかわりを家族に期待できない市町村長申立てのような場合には、とても本人の「最善の利益」を探っていくためにも大切です。

ストーリー12
病院で最期を迎え、死後も成年後見人によって支えられた身寄りのないXさん

エピソード② 入退院を繰り返しターミナルを迎え看とりの時期に

　その後はしばらく施設でXさんは落ち着いた生活をしていたのですが、呑み込みが悪くなり肺炎をきっかけに入院し心不全も併発して入退院を繰り返すようになってしまいました。

　3回目の入院時には誤嚥による肺炎のリスクが高いことと、自力で食事を摂取することが困難なことから胃ろう造設（胃に穴をあけ管を通し、栄養剤を直接胃に流し込む処置方法）の手術が必要と主治医から説明があり、主治医からは手術の同意書に署名してほしいと言われました。しかし、成年後見人には権限がなく手術の同意書にはサインできないことを説明し、主治医の判断で手術をすることはできないだろうかと交渉をしました。また、胃ろうにした場合には、施設に戻れないことも医師に説明しました。結局、医師の判断で胃ろうを造設し、術後の経過は良好だったのですが、もとの施設には戻れないまま十分な回復を見せることはありませんでした。

　Xさんの心身の状態が悪化し、施設に帰ることが難しくなりました。施設では、ターミナルケアも受け入れているのですが、現在、あまりにも多くの方を受け入れているので無理ということで、長期療養できる医療施設を探し、施設の退去手続と精算をしました。長期療養できる病院に本人の住所をおかせてもらえないかという交渉もしましたが、できないという返答だったため、本人の住民票については施設にそのままおかせてもらいました。

　Xさんは、Yさんがわかるのか、どこに入院しても自分に会いにきてくれるYさんの声をきくと安心するようにも見受けられました。

〔エピソード2〕 入退院を繰り返しターミナルを迎え看とりの時期に

> **後見人の悩み**
>
> ターミナルを迎えて、成年後見人にできることは？

　身寄りのない高齢者が施設に入所しているとき、成年後見人に「看取り看護」の方法をたずねられたり、同意を求められることがあります。ターミナルケアに関係した同意は成年後見人であってもできないとする考えが一般的です。そのようなとき、高齢者の人格や尊厳を踏まえ対処していただけるよう依頼することが望ましいといえます。生前、認知症が進んでいるとはいえ、成年被後見人が死を迎えるにあたって意思を表明しているときや、そのような意思に関する情報を手に入れることができたような場合、そのような情報を踏まえた対応を主治医や施設職員、あるいは救急搬送先の医師に求めることも可能でしょう。

　いずれにせよ、在宅のときにかかわってきたケアマネジャーや施設関係者等も含めて、担当から外れてしまったりすれば関係は切れてしまいがちで、家族や親族のいない成年被後見人の場合は、成年後見人だけが縁故者という状況になり、医師等も成年後見人だけに説明をし同意をとろうとしてきます。難しい判断を求められたら後見人だけで背負い込まずに、それまでの支援者にも働きかけともに検討する等の姿勢が求められます。

　また、施設等から救急搬送などの連絡がきた場合、成年後見人はできるだけ早く本人の状況を確認するため入院先に出向きます。そこでは成年後見人の役割として、入院手続等をし、本当に親族がいないか確認し早急に連絡をとるようにします。

ストーリー12
病院で最期を迎え、死後も成年後見人によって支えられた身寄りのないXさん

エピソード③ 身寄りのない成年被後見人の死亡と死後の事務

　ある日の夜中、入院先の病院からYさんの携帯に電話があり、夜勤の看護師から「今、ドクターにみていただいていますが、危篤状態です」との連絡がありました。Yさんはすぐに車で病院に駆けつけたのですが臨終には間に合わず、Xさんはすでに霊安室に安置されていました。

　病院から「できるだけ早くご遺体をお引き取りください」と言われたYさんは、市長申立てだったため以前すでに相続人がいないことを確認していました。そのため、家庭裁判所に連絡して、その状況と残された資産は入院費用の精算をすると50万円程度であることを告げると、相続財産管理人を選任するまでもないので成年後見人が最期までかかわっていただけるならお願いしたいとのことでした。Yさんは早速、市に死亡届を出しながら相談して市の葬儀場の紹介を受け、遺体をお運びして火葬までの間安置させてもらい、費用も低額ですみました。また、施設に知らせたところ、施設の墓所を使用させてくれることになり、火葬の前の読経等にも立ち会ってくれました。施設墓所には、公営霊園に預かっていたXさんの夫の遺骨もいっしょに入れてもらうことができ、仲の良かったご夫妻がまたいっしょになることができYさんは安堵しました。

　残された資産で、入院費、葬祭費用、火葬代金、施設墓所への納骨代、公営霊園の精算費用を支払った後の20万円は、家庭裁判所から後見報酬として認められ「死後の事務についての上乗せもできないが、ご苦労さまでした」の言葉がありました。

〔エピソード3〕 身寄りのない成年被後見人の死亡と死後の事務

> 引き渡すことのできる人もいないまま残されたＸさんのアルバムや衣服等の遺品は、整理し処分できるものはされましたが、いくつかの写真等はＹさんの事務所の棚の上に今も飾られています。

後見人の悩み　成年被後見人が亡くなった場合、身寄りがなかったり、かかわりを一切拒否されたらどうしたらいいのだろう？

　本人が死亡した際には、親族がいればまず親族に、そして同時に家庭裁判所にも報告します。本人が死亡した時点で成年後見人の権限も失うことになりますから、あとは相続人がいれば財産管理をはじめとする権限は相続人がもつこととなり、本人の葬儀等についても基本的に相続人が執り行うことになります。

　その場合は、成年後見人は家庭裁判所に管理計算書・後見事務報告書・財産目録・収支状況報告書・報酬付与申立書を提出して、報酬付与の審判を得た後に本人の財産から報酬額を控除して、親族に財産を引き継げば成年後見人としての業務が終了することになります。

　しかし、現実に親族等が不在で相続人が存在しなかったり、音信不通または一切かかわりを拒否される場合等もあります。

　財産に関しては本来家庭裁判所が管理のために「相続財産管理人」を選任するのですが、利害関係者もおらず残った資産が少額であり死後の事務を行えば残らないと家庭裁判所が判断した場合等は、市町村との連携のうえで成年後見人に死後の事務が実質上任される場合もあります。

　たとえば、相続財産管理人は東京家庭裁判所であれば100万円を先に納めて（予約）して初めて選任手続がされるものですので、それ以下の

ストーリー12
病院で最期を迎え、死後も成年後見人によって支えられた身寄りのないXさん

金品しかすでに残っていない場合等は、まずその必要性はないと判断されるでしょう。

なお、身寄りがない場合、葬祭の執行等に関しては市町村には「死体の埋葬又は火葬を行う者がないときは、死亡地の市町村長が、これを行わなくてはならない」と墓地、埋葬に関する法律9条1項にあります。なお、生活保護を受給していれば生活保護の葬祭扶助が適用されますので生活保護の担当課にまず相談してください。

また、家財道具等や遺品については、身寄りがない場合、成年後見人の「応急処理義務」として処分ができると解釈されています。

次に納骨やお墓の問題です。

これも、上記の法律に従って本人が亡くなった場所の市町村が納骨を行うことになっています。

親族がいなくても自分のお墓を持っている場合は、そこに納骨しますが、無縁墓になってしまうので、永代使用料や管理料の支払いがされなければ使用を断られるかもしれませんから、相談が必要です。残された本人のあまり多くない資産で納骨できる永代供養墓や共同墓等を探すことも必要になるかもしれません。また、都道府県の管理する共同墓地の使用ができるかも確認します。

いずれにせよ、死後の事務は成年後見人の権限外であることをしっかりと認識しつつ、これを行う身寄りがいない場合は自分がかかわるかを自分で決めるしかありません。また、葬祭、火葬、本人のための墓地の取得、石碑の建立、納骨、永代供養、法要等の費用は本人の残したお金から出さざるを得ず、裁判所が認められるようなものか社会通念上に照らし合わせながら、していくことになります。

コラム⑨
市町村長申立てと成年後見制度利用支援事業

　成年後見の申立ては、本人や四親等以内の親族以外にも、「身寄りのない者」や「親族の協力が得られない者」などについて成年後見制度の適切な利用を可能なものとするために、「老人福祉法」「知的障害者福祉法」「精神保健及び精神障害福祉に関する法律」に基づいて、市区町村長にも後見開始の申立てができることになっています。

　実際には、福祉関係者や民生委員等から申立ての要請・相談の要請を市町村にし、市町村は二親等以内の親族には文書等で申立ての意思を確認します。音信不通だったり、拒否があったり、その親族が不適切なかかわり（虐待等）があったりする場合には市町村長が申立人となって申し立て、家庭裁判所が本人の法的な権利を守る人として成年後見人を選任するのです。

　また、低所得で成年後見制度の申立費用や診断書、鑑定の費用、後見人（成年後見人・保佐人・補助人）の報酬が出せない等の場合には、市町村が厚生労働省の成年後見制度利用支援事業を予算化していれば、利用することができます。

　どちらの制度も、本人たちが理解して利用するというよりは、地域の支援者たちが理解して、市町村が適切に実施し、必要な方が成年後見制度を使えるようにしていくことが求められます。低所得者だからとか、身寄りがいないからということで、制度の利用ができないままにされないようにしたいものです。

第 3 章

後見活動の視点 ▶▶▶
──基本姿勢を貫き実現するために──

1 本人の「最善の利益」とは何かを探り実現する

　第1章で、後見人（成年後見人・保佐人・補助人）の基本姿勢について簡単に述べました。そして、第2章で具体的なストーリーの中で成年後見人が悩み、仕事を行っていく姿をみながら、成年後見の仕事を解説してきました。

　最後の第3章では、では、その成年後見人の基本姿勢を貫くためにはどうしたらよいのか考えてみます。

(1) 本人面談によって、常に本人の意思と状況を確認する

　後見人には、本人の意思を尊重することが義務として課されています。そして、それと同時に後見人には、本人の意思に反してでも与えられた代理権や取消権を行使して本人を保護するという大事な役割を担っています。

　このような中で後見人にとって「本人の意思の尊重」と「本人保護」のどちらを優先させるのか、どのようにバランスをとるのか、このことが、後見人の実務のなかで最も悩ましい課題といってもよいでしょう。

(ア) どうやって本人意思を確認するのか

　本人との面談は、本人の意思確認と状況把握のために最も有効な方法です。

　後見人は本人の最善の利益を追求し、本人に寄り添って、場合によっては代弁したり代理をしていくのですから、被後見人（成年被後見人・被保佐人・被補助人）本人に会ってその意思や気持ちをくみとり状況を理解していることはその前提となります。しかし、実際は本人に会いに

いかない後見人のなんと多いことか。誰のための後見人なのでしょうか。

本人の状況に応じた定期的面談を後見活動計画の中心に据える必要があります。

しかし、第三者の後見人になって本人に会いにいっても最初から歓迎して受け入れてくれる場合ばかりではないことは知っておいてください。第三者後見人は、受任して初めて本人に会うことも多い中で、信頼してもらい、顔を覚えてもらい（名前は難しいかもしれません）、少なくとも自分のことを気にかけ会いにきてくれる人がいると思っていただけるようになるまで時間がかかることもあります。

そして、それからでさえ、本人のそれまでの歴史を含めてすべてを理解することは当然困難であり、そのためにも本人のことは本人に聞くつもりで、会いにいき続けることが大事なことです。

また、認知症や障がい者と向き合うのは初めてで、どう声をかければよいのか、意思をくみとるってどうすればよいのかと心配される方もいると思います。話しかけても応えてくれない、一人で意味がわからないことをしゃべっていて会話が成り立たない。会いにいっても無駄で、本人の意思の確認などできないと頭から決めつけたり、あきらめている方もいると思います。それでも、たまに会話がかみあったり、本人が穏やかににこにこと挨拶してくれたりするとホッとしてうれしい気持ちになるときもあるかもしれません。

たとえば今、あなたの目の前にいる成年被後見人としての80代の認知症の女性にも、その人としてのこれまでの人生があり歴史があります。

あなたが成年被後見人本人だとして考えてみてください。

自分の大事な「どこでどのように暮らすか」等を決めることのできる成年後見人が、80歳代の認知症高齢者としてしか自分を見てくれず、ろくに会うこともないまま、支援者側の言葉だけで、どこか知らない施設

等への入居をもうすでに進めていて契約をするだけだったら……。

　「私」という個人に認められている人権は万人に共通のものですが、たとえば介護保険制度を利用するとか入所施設を選ぶなどのことを考え、「契約」等の法律行為をするという権利行使に関しては、その内容が本人の価値観やそれまでの人生と密接な関係をもつ幸福感によって違うものになるのは当然です。「私らしさ」というのは、一人ひとりの人生や人権を考えれば大事にされなくてはならないものであり、それを「申請」したり「契約」という形で実現できるのが成年後見人など、成年後見制度にのっとって支援する人の役割です。

　自分が成年被後見人になることを少しでも想像していただければ、こうしたことは理解できることだと思います。

　人ごとに違うその価値観や幸福感を理解するには、本人に会いにいき声をかけ、生活の状況・暮らしぶりを見て「好み」とか「こだわり」とかが垣間見えるなどの中ではじめて、その方のこれまでの価値観やお金の感覚等がみえてくるものだと思います。もちろん、関係者等から話を聞くことも重要であることはいうまでもありません。

★本人と面談することによって理解するって——たとえばこんなこと

　Ａさんは、70歳代後半の男性です。行き倒れに近い状態で発見され、これまでの関係者もみつからず病院から何一つ持ち物もないまま施設に移ってこられた方です。

　なかなか口もきかない会話も成り立たないままのＡさんに、施設側は気難しくてかかわり方が難しい人として積極的な声かけもされていないようでした。

成年後見人になったＢさんは、何回か面会にいく中で偶然、日本舞踊をしているテレビ画面に反応して手振り身振りをするＡさんを見ました。Ｂさんは、施設にそのことを伝え注意をしていてほしいと伝えておいたところ、施設の盆踊の準備が始まりＡさんに踊りをうながしたところ、いきいきと振付けを指示したりする場面が見られたとの報告を受けました。そのことから、ケア関係者はＡさんは日本舞踊に関係する仕事をしていたのではないかと推察することができました。

　その後、そういう場面を活かしたケア関係者からのかかわりや声かけに徐々に本人は心を開き、施設での生活も落ちついて送ることができるようになっていきました。

●ここでのポイント●

　何を注意してみればいいのだろう？　本人の生活の場が自宅であれば、手掛かりは多く残されている可能性が大きい。

- 衣類・家具調度品などから、色彩等の好みだけでなく金銭感覚や過去の生活環境、経済状況等が推察されます。
- アルバムや賞状等から、これまでの活動や趣味、特技などの個人や家族の歴史が理解できます。

　本人の生活の場が施設や病院に長期入院している場合等は、これまでの家財などは処分されてしまっている場合も多いのですが、それでも以下のようなことに注意してみてください。

- 本人が身近に置いているもの、趣味や興味のあるものが推察されます。

- 日常生活の中での本人のこだわりや好み等を生活を支えるケア関係者からの情報や記録として入手します。

- テレビやイベント等への本人の興味の持ち方などに注意します。

(イ) 保護との調和をどう図るのか

　判断能力にある程度の障がいがあるといってもその程度は個々人で違い、本人の意思を尊重するということには、生活レベルから始まるさまざまな場面と方法があるのです。

　本人がどこまでは自分でできるのか、どこからは危険なのか、あるいはどのような資源があれば本人を支えることができるのかなど、多様な角度から検討したうえで判断することが後見人には求められます。

　本人の意思の尊重と保護は、取消権の行使や施設入所といった重大な決断の場面で問題にされやすいのですが、毎日の生活のさまざまなレベルでもその調和が求められることになります。安易に保護を優先させることなく、また、本人の言っているとおりに従えばよいのでもなく、後見人として、適度でかつ適切なかかわりが必要です。

　➡ ストーリー1 エピソード①②、ストーリー5 エピソード①、ストーリー8 エピソード①②、ストーリー12 エピソード①、ストーリー3 エピソード③ 参照

① 意思を表明できる人　　基本的には本人の意思を尊重します。ただし、どこまで自分でできるのか、どこからは危険なのか、さ

まざまな検討を関係者とも情報交換をしつつ多角的にしていくことが必要です。

また、表明している意思が不安や恐怖や不適切な環境に置かれることによって、意思とは違うことを言わされていたり言っている場合があって本心と違うこともあることにも注意が必要です。

★意思の尊重と保護の調和を図る──たとえばこんなこと(1)

Aさんはもうすぐ30歳の女性。知的障がいがあり、Bさんが保佐人に選任されています。Aさんの収入は年金・手当と授産施設の給料で、預貯金は多くありません。Aさんは買物が趣味ですが、もう少し貯金を増やすことが必要と支援者たちは考えています。保佐人には、5万円以上の買物についての同意権取消権が与えられています。

Aさんはキティちゃんが大好きで、毎年お金をためてキティランドに行くことが楽しみです。毎日通っている授産施設への道の途中にショーウィンドウに大きなキティちゃんのぬいぐるみと家を売っている店がありました。5万円を超えるものですが、Aさんは毎日のように寄ってキティちゃんに話しかけていたそうです。そして、それを手に入れたいとお金を貯め、やっと買えるようになってAさんはキティちゃんを抱えてグループホームに帰りました。グループホームの世話人は5万円という値段を聞いて驚き、「無駄遣い」だと思い返してくるようにAさんに言いました。そしてすぐに保佐人のBさんに取消権の行使をして返品してほしいと連絡がありました。

BさんはAさんのところに来て、本人からよく話を聞きました。Aさんはそのキテイちゃんをそばにおいてキティちゃんとこれから

生活していくことについての思いを話しました。結局、Bさんは、それを買うことを目標にお金を貯めた計画と努力を知り、購入に同意しました。

② 意思表明できるが、客観的に見て危険だったり間違いであることが心配されるとき　本人の意思が客観的利益と食い違う場合は、繰り返し本人の置かれている状況と本人の意思を確認しつつ、単独で判断せず関係機関の意見等を聴きながら慎重に対応することが重要です。

　生命に危険がある場合は、意思の尊重などと言っている場合ではなく保護を優先しなくてはなりません。医師の診断が出ていてとめられていることを「本人意思の尊重」として許すことは、後見人の立場ではできないと考えてよいでしょう。

★意思の尊重と保護の調和を図る──たとえばこんなこと(2)

　Aさんは70歳代後半の男性。妻に先立たれてからアルコールの量が増えていました。高血圧で入院したときにアルコール中毒についても診断があり注意を受けていましたが、やっと退院することになりました。保佐人のBさんが自宅に行くと、ウイスキーが箱で購入されていました。Aさんは「生きていてもしょうがない、酒だけが自分の楽しみだから、見逃してくれ」と言って涙目で訴えてきます。

　しかし、Bさんは、アルコールについては医師から診断が出ていて生命を守ることは自分の職務だと考え、きっぱりとウイスキーについては購入契約の取消権を発動することを告げました。

　その後、Aさんのところには、Bさんの手配で、やはり奥さんを

亡くされたＣさんがボランティアで趣味だった囲碁の相手もしに通ってきてくれています。

★意思の尊重と保護の調和を図る──たとえばこんなこと(3)

　80歳代男性の認知症のＡさんは賃貸アパートで独り暮らしです。部屋には腐ったものがたまり異臭がするので、ヘルパーが捨てようとすると大声でどなるために、ヘルパーがやめてしまったり、近隣住民からも臭いについて苦情があります。

　Ａさん自身は住み慣れた家で最期まで暮らし続けたいと強く希望していましたが、弱ってきた心身の状況と「出ていってほしい」との大家等関係者の意向を考えると、在宅生活の継続は困難かと成年後見人のＢさんは悩みました。

　結局、Ａさんの意思が明確なので、大家、近隣など関係者の苦情もよく聞きながらケアマネジャーや福祉関係者とも何度も話し合って当面は在宅生活を続けることを決め必要なサービスを組み立てました。また何かの際に備え、施設の情報を集めながら、ＢさんはＡさんの生活を見守りました。

　その後、風邪をひいて心細かったり、持病が悪化して入院する等があり、これを機にＢさんが施設入所をすすめたところ、Ａさんも不安が大きくなっていたためにか、施設入所に納得し、その快適な生活にすんなりなじむことができました。

③　意思表明ができにくい人　　たとえ理解できないとしても、できるだけ本人に声かけをして意思を引き出す努力は必要です。また、

過去にさかのぼって手がかりがないか、意思が表明されたことはないか確認し、あれば尊重します。

本人の表明意思が確認できない場合には、本人の信条や生活歴から本人がとると思われる選択・決定を推定することもあります

(2) 本人の本人らしい生活の質の向上を目指す

生きている、生かされているだけでなく、後見人がつくことによって社会資源等も活用し、本人の生活の質を高め尊厳ある生活が守られることを目指します。

ここではあらためて「身上監護」といわれるものについて考えてみましょう。

> ★身上監護ってどんなこと？
>
> 　身上監護って難しい言葉でなじみがありませんが、その内容は一言でいえば「生活関連事項の決定」です。
> 　成年後見制度がつくられるときに法務省の「成年後見問題研究会」が作成した報告書によると、「身上監護」とされる内容は以下のとおりとされています。
> ① 健康診断等の受診、治療・入院等に関する契約【医療契約】費用の支払等
> ② 本人の住居の確保に関する契約の締結、費用の支払い等
> ③ 福祉施設等の入退所に関する契約の締結、費用の支払い等、処遇の監視・異議申立て等
> ④ 介護依頼行為および介護・生活維持に関連する契約の締結、

費用の支払い等
　⑤　社会保障給付の利用
　⑥　教育・リハビリに関する契約の締結・費用の支払い等
　⑦　法律行為として行われる異議申立て等の公法上の行為。代弁
【アドボカシー】

　「どこで、どのように暮らすか、自分のお金をどう使うか」などを、本人の側に寄り添って本人の立場で考え、本人らしい生活の質の向上を目指して生活上の手配をしたりすることが、身上監護です。
　どこでどのように暮らすか、そのためにどんなモノやサービスを買ったり使うか、また使わないか等を決め申請したり、手続や契約をし、それに基づいて支払いをしたり、苦情を申し立てたりすることを私たちは日常普通に行っています。
　ですので、かえって「身上監護」などといわれるピンとこないものだと思います。
　これらを私たちは日常、自分にとって何が大切で必要なのかという価値観や、何をしているときが幸せでありイキイキと自分が生きていることを喜べるかという幸福感に基づいて、当たり前にしているからなのです。
　「買物」というような日常の出来事で考えてみてください。
　何を食べたいか、何が必要でどんなモノを買いたいか、毎日がその自己決定・自己選択の積み重なりであり、それによってその人なりの生活と人生が成り立っています。
　身上監護の目標は、たとえ判断能力が低い方であっても、その人がその人なりに大事に思っていること（価値観や幸福感）を大切にされて

第3章　後見活動の視点——基本姿勢を貫き実現するために——

「その人らしく」生活することを実現することにあります。

特に、人生の最晩年にある高齢期になり本人の価値観等が固まっているはずなのに、あてがいぶち・十把一からげの扱いは尊厳を損なうときもあります。個人の価値観や幸福感を理解し、後見人は与えられた権限を行使して、本人に関する生活の種々の手配や手当を施すことになります。

➡ ストーリー1 エピソード①②、ストーリー2 エピソード②③、ストーリー3 エピソード②、ストーリー6 エピソード③、ストーリー8 エピソード① 参照

本人らしい生活の質の向上を目指した身上監護を実施するうえで、以下の観点が重要です。

★どんなことに着目するのか——たとえばこんなこと

○衣食住等の基本的なニーズは満たされ健康で文化的な生活ができているか。
　⇒　特に心配なのは食事・飲水ですが、清潔を保てているか、薬は飲めているのか、等をみることも大切です。ケア関係者等とも十分話し合いましょう。
○必要とする医療や・福祉サービス等社会サービスは適切に利用されているか。
　⇒　介護保険料は年金から天引きされているけれど、申請できなかったので使えていない場合もあります。医療も介護等も制度が整っていたとしても、申請しなければ使えないのが現実です。必要な手続をしましょう。
○生活の質（QOL）を高めるため配慮はなされているか（趣味、教

育・労働、社会参加)。
　⇒　昔、教えていたピアノを前にしたら、表情がいきいきと変わった、等はよくあることです。そのことにより、ただ生かされているという状態から本人の生きる力が出てくれば、支援もしやすくなります。
○本人が構築してきた社会関係の維持(家族親族、友人、隣人地域住民、その他人間関係)
　⇒　成年後見人がつく前にはかかわりを拒否していた親族が、お金のこと等の面倒は成年後見人が引き受けてくれることがわかり安心してまたかかわってくれるようになった。またこのことで医療関係者は安心して親族に相談できる等もあります。成年後見人等のかかわりには限りがあるからこそ、できるだけ本人のこれまでの関係者にはかかわりをお願いしたいものです。成年後見人が担えることを明確にすることで、親族等が以前のようなかかわりを期待できるようになることあります。
○財産は本人の生活の質を高めるために有意義に使われているか。
　⇒　定期預金を取り崩して、近所にできたグループホームの入居金にした。本人の資産は本人が生きているうちに本人のために活用したいものです。そのためには、本人の希望がどこにあるかを理解することが必要です。

　判断能力が低下している状況の中では、法律や制度・サービスそしてお金も、あるだけでは利用することができないことが多いのです。
　　➡　コラム⑧ 生活保護の活用、
　　　　コラム⑨ 市町村長申立てと成年後見利用支援事業　参照

そして、ただ生きているというだけでなく、生活の質を高めるための配慮として、本人の好きなことは何か（趣味）、やってみたいことや身に付けたいこと（教育）、仕事をしたい（労働）、人といっしょに自分のできることをしたい（社会参加）等という視点をもって、人としての可能性を大事に制度や支援等に結び付けることも必要です。

　また、本人が構築してきた社会関係の維持というところでは、家族関係、友人、隣人、地域住民、その他の人間関係や、社会参加という意味での関係の維持を心がけ、その方々にかかわっていただくことにも配慮してほしいと思います。認知症高齢者等は、今のことはなかなか覚えられないけれど、昔のことはよく覚えていてうれしそうにお話しすることもあります。

　➡ ストーリー1 エピソード④、ストーリー12 エピソード① 参照

　そして、後見人として、本人の資力、財産、金銭が本人の生活の質を高めるために有意義に使われているのか。これにおいても、本人の資産が基本的な生活に必要な以上にあるのか、十分にはないのか、生活保護なのか、それぞれある財産・資産が生活のために活用されているのかという視点を成年後見人がもってかかわることで、本人の生活の質が上がる可能性がおおいにあるのです。

　➡ ストーリー5 エピソード②、ストーリー7 エピソード②③、ストーリー8 エピソード① 参照

　後見人による支援には（特に補助、保佐には）アドボカシーという言葉で言われている「権利擁護的なかかわり」が本来求められます。権利擁護とは、単に権利を守ることだけではなく、本人の生活と人生を支えることです。

　人を支えられるのは人であり、本人に丁寧にかかわれるはずの市民後見人等には、実はこうしたかかわりこそを期待されるところです。市民

後見人によって、本人に寄り添って意思の確認を丁寧に行い、契約等法律行為に乗せていくことの意義が十分理解され実現されていくことを期待しています。

> **★身上監護の例**
>
> 例：在宅生活が困難になり、悪質商法の被害にあった認知症高齢者の成年後見人としての身上監護の例。
> ① 悪質商法からの損害の回復（弁護士、消費者相談センター等とともに）
> ② 資産の確認（年金月額約15万円、預金残高約800万円、不動産、借財なし）
> ③ 預金の取りまとめ
> ④ 後見計画の策定（この時点で、本当に在宅生活は無理なのかについて検討）
>   ⓐ 今後の生活の場として、どこがふさわしいのか検討する。
>   ⓑ グループホーム等を見学し環境、費用等につき事業者から説明を受け確認する。
>   ⓒ 情報を収集し費用等から今後の後見計画をたて、検討し適切な選択をする。
>   ⓓ 入居契約を行う。
>   ⓔ 引越業者を選択決定し準備の手配をし、終了後確認し費用を支払う。
>   ⓕ それまでの住居の処分や付随する事柄の整理を手配または実行し手続する。
> ⑧ 年金や支援費介護保険等や社会保険関係、各種減免等の手

続、支払受取り等を行う。
　ⓗ　日常的な郵便物授受などの文書管理は本人とグループホームにお任せしたが、手続の必要なものなどについて文書の管理をする。
　ⓘ　日常的な金銭管理は本人とグループホームとの契約でお任せしたが、高額の買物や出費が必要であれば本人の状況を理解したうえで承認と支払い等、の金銭管理を行う。
　ⓙ　日々の本人の心身状況について説明を聞き、ケアやサービスプランについて同意または要望や異議を伝える（インフルエンザ注射や簡単な受診等を含む）。
　ⓚ　けがや病気などによる受診や入退院手続、契約、費用の支払いなどを行う。身体拘束などの問題がでてくることもある（特に歯科受診は自費の検討が必要）。
　ⓛ　ターミナルケアや金銭的な条件等を考え転退所を検討し相談する。
　ⓜ　レクリエーション、旅行、墓参り等、本人の希望をかなえるための企画や手配と承認する。

＊注意しましょう‼

　身上監護には、本人の生活等身上に関するさまざまな事務が含まれますが、民法858条でいう成年後見人の「事務」の範囲は、契約等の法律行為と付随する事実行為を指し、介護等の事実行為を含まないとしていることに注意が必要です。ただ、その法律行為を適切に行っていくためには、付随する事実行為として見守りをしたり確認をしたりすることが実質上必要となります。

本人の毎日の生活は第三者が提供するさまざまな事実行為、買物とか食事の支度とかによって支えられています。

　それらの事実行為が必要な場合には、後見人は自分で介護等の事実行為をするのではなく、付与されている代理権を行使して本人が必要とするサービスを手配し契約することによって問題の解決を図ります。そして、その後に、その契約が適正に行われているか確認をして費用を支払います。

　もし、自分で介護という事実行為をしてしまえば、それが適切に行われているかチェックするという大事な成年後見人としての機能が果たせなくなるのです。

➡ ストーリー6 エピソード② 参照

★事実行為と法律行為の違い──たとえばこんなこと

　洗濯機がうまく使えず洗濯ができない被後見人であれば、、
・洗濯をする。
　　⇒　事実行為（これは、基本的に後見人の仕事ではない）
・洗濯ができない状況を確認し、事業者の情報を集め依頼する。
　　⇒　付随する事実行為
・洗濯をしてくれるヘルパーの派遣事業者と契約する。
　　⇒　法律行為
・契約した事業者によって洗濯が適切に行われているか確認する。
　　⇒　付随する事実行為
・契約が守られていない場合等で苦情申立制度を利用する
　　⇒　法律行為

2 他者の支配や権利侵害に注意をむける

(1) 権限をもっている後見人自身がまず注意する

(ア) 本人が人生の主人公でいられるように、自分の権限を確認しておく

　後見人(成年後見人・保佐人・補助人)は本人である被後見人(成年被後見人・被保佐人・被補助人)の「どこでどのように生きるか」など、本来ご自身がもっている人権の一部である権限を、本人に代わり預かることになります。

　そして、認知症や障がいをもっている方は他者から支配されたり、また権利侵害も受けやすいものです。

　本人の人生の主人公は本人です。

　だからこそ、後見人は、たとえ判断能力が不十分でも、本人を単なる保護の対象者としてとらえ「決めてあげればよい」ではなく、その人らしい生活の主体者としてとらえ、できるだけご自身で決められるよう支援をするという姿勢を大切にする必要があります(本人の意思尊重義務、身上配慮義務)。

　後見人自身が「本人のことはよくわかっている」、「こうすることが一番本人のためだ」というような独断や決めつけを行うならば、それは本人の権利を預かっているだけに、簡単に本人を支配し権利侵害することにつながっていきます。後見人は代理権や同意権・取消権という大きな権限を有しているだけに、後見人による人権・権利の侵害に注意する必要があるのです。

　ですので、後見人としての活動を進めるうえで、まず最初に行うべき

ことは、自分に与えられている権限の内容・範囲を正確に理解しておくことです。

後見人の権限の範囲を証明するものは登記事項証明書です。後見業務の遂行にあたっては、取引の相手方に対し登記事項証明書の提示が必要な場合も多くあります。

まず、自分はどのような権限をもっているのかを正確に理解しておきましょう。

成年後見制度の利用に関しては、現在の日本では、選挙権を含め本人からほとんどすべての権限を剥奪してしまう後見類型ばかりが成年後見制度のように考えられているように感じます。しかし、認知症高齢者等の場合なども、最初は補助人として限定的な権限をもってかかわり、本人の認知症の進み具合に従って、権限の追加、拡張を行うために保佐へ、そして後見へと類型変更や新たな権限付与の申立てをすることもできます。

後見人は与えられた権限の範囲外の事務については権限が及びません。権限外の事務遂行は、無権代理になることに注意が必要です。

➡ ストーリー4 エピソード③、ストーリー7 エピソード②、ストーリー8 エピソード②、ストーリー11 エピソード②③、ストーリー12 エピソード②、コラム1 身元保証人、コラム5 医療同意 参照

★これは権限外なので注意!!──たとえばこんなこと

成年後見人の権限が及ばない事項として次の事項があります。
【身体の強制を伴う事項】 どこかに連れ去って、閉じ込める等
【一身専属的事項】 結婚、離婚、養子縁組、臓器移植等

> 　成年後見人の権限に含まれない事務で、実務的に注意が必要な事務は以下のものです。
>
> 【医療同意】　入院契約等はできますが、麻酔の注射や手術等の同意などはできません。身寄りのいない場合のこうした同意については日本では何も決められていません。本人のおかれている状況等を説明し、医師の的確な判断を促すことです。
>
> 【死亡後の事務】　死亡届は出せますが、亡骸の引き取りや葬儀や火葬、埋葬等は職務ではありません。また、相続人へ財産を引き継ぐほかは相続にもかかわりません。
>
> 【身元保証人等】　成年後見人は本人と法律的には同一の立場です。施設への入所の際の身元保証人等になることはできませんし、避けるべきです。身元引受人は法的に要求されているものではなく、いないことを理由に入所等を断ることは適切ではないとされています。身元保証人に求められる役割は成年後見人がいれば心配がないこと等を説明し、理解を求めてください。
>
> 【居住用不動産の処分】　これまで住んでいた住居を処分する等は、本人の心身に大きな影響を与えることが予測できます。成年後見人が単独に判断し実行するのでなく、家庭裁判所の許可を得ることが必要です。

　現実には、たとえば身元保証や死後の事務等、成年後見人に強く求められることも含まれています。成年後見人ができることできないことを前もって関係者等にもきちんと説明しておきましょう。

　また、現実に即して法改正等が必要なものもあると考えるのであれば、社会に向けて発信していくことも重要です。専門職団体や日本成年後見

法学会等の動きや情報を得ていきながら、社会の一員として活動していきましょう。

　(イ)　**利益相反しないように、強く認識しておこう**

　成年後見人は、本人の代弁者であり権利擁護者です。

　新しい成年後見制度が始まったときに、施設入所者の後見人には「入所者のことは施設が一番よく知っているのだから、施設職員か施設長が後見人になればよい」ということを言った人がいます。

　施設長が成年後見人になったとしましょう。それだと、本人は施設を「契約」という法律行為で利用していますが、その「契約」という法律行為のそれぞれの立場の当事者が同一の人になってしまいます。代理人が同じ人というのは「双方代理」になります。

　それなら、施設職員ならよいのではないかとお考えでしょうか。では、あなたがその施設の職員であり成年後見人だとしましょう。

　本人の施設でのケアについてのチェックや苦情申立てをして、問題があるという場合、あなたは雇い主である施設や法人に対して、本人側に立ちきって本人の立場を代弁していくことができるでしょうか。それを周りも理解し認めてくれるでしょうか。

　本人の代弁者・権利擁護者としての立場を守りきれないような、利益相反が生まれやすい状況は、最初から避けることが後見人としての倫理だと思います。

　そういう意味では、基本的に夫婦や親子の両方に一人の第三者後見人がなることも、その夫婦や親子間の利害対立が生じる場合に適切に対処できるか等の不安と心配があり避けたほうがよいでしょう。

　➡　ストーリー8　エピソード③④、
　　　ストーリー9　エピソード②　参照

　成年後見人は本人の法定代理人としての立場を認識することが必要で、

成年後見人の選任においてはまず本人と利益が相反する人は避けるようにされています。成年後見人には他者との利害関係や利益相反に厳しい制限があります。

→ ストーリー⑨ エピソード③ 参照

　家族が成年後見人になった場合、普段からの家族としての立場やかかわりが強いため、成年後見人としての本人の代理人であるという役割が腑に落ちていないままの場合も多く、特に注意が必要です。家族だからこそ、本人の立場や利益と家族のそれとは対立し相いれない場合があります。家族であっても、成年後見人としての職務を行うときは、家族としてではなく本人の立場や権利を代理する立場の成年後見人であることを忘れないでください。

　後見人は、本人との利益が相反する行為がある場合は、代理することはできません。特別代理人の選任申立てが必要です。ただし監督人（成年後見監督人・保佐監督人・補助監督人）が選任されている場合は、その必要がなく、監督人が本人を代理することになります。

★利益相反って──たとえばこんなこと

・成年後見人だけど、手配するより早いから自分がヘルパーやケアマネジャーとしてかかわって費用等を請求して自ら本人の口座からおろそう。
・施設の職員だけど、一番本人のケアのことをわかっているんだから、自分が成年後見人になってしまえばいい。
・夫の成年後見人だが、どうせ同じ家に行くのだから今度は妻の成年後見人もしていっしょにみればいい。
・自己契約、双方代理にあたる場合（成年後見人が本人から借財し

たり、本人所有の不動産を購入する、遺産分割協議で共同相続人にあたる等の場合）
・成年後見人がサービス提供者で本人がそのサービス利用者である場合

(2) 権利侵害等を見逃さず、本人の意思や利益を代弁する

　判断能力の不十分な人は、適切なサービスの選択やサービス内容のチェックが難しい場合や、時には消費者被害や虐待等の深刻な権利侵害にあうこともあります。

　こうした場合に、後見人は法的代理人として本人の利益や意思を代弁し権利擁護者として敢然と権利侵害に立ち向かうことが求められます。

　➡ ストーリー3 エピソード④、ストーリー6 エピソード①、
　　ストーリー7 エピソード③ 参照

　財産の侵害に対してのみでなく、身上監護としては、契約等の法律行為のみならず、契約内容の履行監視（福祉サービスのチェックをする、必要に応じて苦情申立てをする、等）も含まれています。

　➡ ストーリー4 エピソード①②、
　　ストーリー11 エピソード① 参照

　苦情申立ての権利があっても、後見人が施設等に出かけて契約内容の履行をチェックするという事実行為を行っていなければ、適切に苦情の申立てはできません。このことを考えれば、法律行為に付随する最低限の事実行為としての見守り等も考えていかなければいけないのです。そしてただ施設に行くだけでなく、カルテや介護記録等の閲覧、ケア会議等への最低限の参加およびサービス提供機関や第三者機関として設置されている苦情申立機関への申立ても視野に入ってきます。

　しかし、こう書いていると、福祉や介護の専門家でないと後見人にな

るのは難しいように思われるかもしれませんが、そうではありません。一般の市民の感覚、普通の暮らしの基準で「おかしい」と思うことを確認することが大事です。

　もちろん支援者側と対立することが目的ではありませんが、たとえば施設等においても家族や後見人がいないままの認知症者等は、不利益を被っても苦情も文句も言えないため、人手が足りない等の中で後回しにされたり放置されることもありうるのが現状です。

　身体拘束なども、後見人が説明を求めないと安易に行われてしまう場合もあります。

　　➡ ストーリー5 エピソード② 参照

「自分が本人だったら、これでよいだろうか」等を考え、疑問や不安や不満があったら担当者や責任者に質問をしたり説明を求めることです。そして、納得できる答えが返ってこなかったり説明がされない等の場合は、改善を申し入れたり、苦情申立制度を利用したり、契約先を変更したりすることが必要です。

　　➡ ストーリー5 エピソード④ 参照

　後見人は、本人の権利擁護者です。消費者被害等や虐待があった場合などにも、相談救済機関への相談や、また虐待対応機関への通報等も考えて、実際に行っていく立場にあるのです。

　　➡ ストーリー7 エピソード① 参照

★権利侵害への対抗──たとえばこんなこと

　Aさんは障がいをもつ30代の男性です。先日、これまでいっしょに住み生活全般を支えてくれていたお父さんが心筋梗塞で急に亡くなり一人暮らしになりました。施設に入所の話もありましたが、相

続などのこともあり従兄弟の申立てでＢさんが保佐人になりました。

　Ｂさんは、これまで支えてきている福祉関係者と連携し、食事の支度など家事はヘルパーに依頼しお金の管理の体制も整え在宅生活が維持できるよう努力しました。ところが、急に一人になり家に帰ってからさみしいこともあって出かけがちのＡさんは、デート商法に会い必要のない宝石などを買わされてしまいました。書類が残されていたことからヘルパーが発見しすぐにＢさんに連絡が入り、契約については取消権を行使して対処しました（保佐人に選任されたときに、同時に５万円以上の契約についての同意権を与えられていました）。

　また、そのわずか２カ月後、今度は交通事故にあったＡさんは搬送された病院で緊急手術を受けました。目を覚ましたＡさんは、状況が呑み込めないことから不安になり暴れたために拘束をされてしまいました。Ａさんに面会したところ、拘束をされていることからより不安が大きいのか顔つきも険しくなっています。Ｂさんは、状況をＡさんにゆっくり理解できるように伝え、それとともに病院に身体拘束についての説明を求めました。病院側の説明は納得できるものでなかったので、拘束を解いてもらうとＡさんも不安が治まり普段の柔和な顔に戻りました。後は、点滴などについては、本人にきちんと声をかけてからナースステーション等他の者がいる場所でしてもらう等の工夫が病院でもなされ、穏やかに療養を続けることができるようになりました。

★サービスチェックの仕方――たとえばこんなこと

ふだんからの本人面談やケア等の観察以外に、次のようなことを行う。
- 介護記録やカルテ等をみせてもらう。
- 拘束や薬が変更されている等の場合は必ず説明を求める。
- ケア会議への参加
- サービス提供機関や第三者機関として設置されている苦情申立機関へ調査を依頼したり苦情申立てをする。
- 悪質商法や消費者被害等の権利侵害が疑われる場合は相談機関につなぎ対応する。
- 虐待対応機関への通報や相談と支援要請

ケアの本質

ミルトン・メイヤロフ

「自分以外の人格をケアするには、私はその人とその人の世界を、まるで自分がその人になったように理解できなければならない。私は、その人の世界をその人にとってどのようなものであるか、その人は自分自身に関してどのような見方をしているかを、いわば、その人の目でもって見てとることができなければならない。外から冷ややかに、あたかも相手が標本であるかのように見るのではなく、相手の世界で相手の気持になることができなければならない」

ミルトン・メイヤロフ著（田村真・向野宣之訳）
『ケアの本質――生きることの意味』93頁（ゆみる出版）

3　後見人の限界を認識し、独断に陥らずネットワークの中で活動する

　本人の人生を支えていくといっても、後見人（成年後見人・保佐人・補助人）は本人といっしょに住むわけではありません。

　後見人の職務は、資産の多寡によらず生活全般の広範囲に及びます。後見人の権限は限られた範囲のものであって、行う事務は法律行為と付随する事実行為という限界もあります。

　実際には、本人にはいろいろな生活上の課題があり、後見人がそのすべてを一人で解決することができるものではないと思うべきで、後見人自身が自分の限界を知っておくことは前提として重要です。

　後見人が一人ですべてを抱え込んだりすることは適切ではありませんし、自分の思いこみ等で判断を誤ることにつながりかねず、避けるべきなのです。

　後見人の身上監護に関する職務は、本人の生活状況や能力によって、また、支えるためのネットワークができているのか、あるいはつくれるのか等によって、どこまでどのようにするかが異なります。後見人だけで本人の生活を支えることは困難であることを理解して、支援するためのネットワークをつくり、協力・連携をしながら役割を分担していくことを考えていきましょう。

　本人の生活を支え質の向上や希望する生活の実現のためにも、支援の環・ネットワークを充実できるように手配していくことが重要です。

★ネットワークって——たとえばこんなこと

○後見人自らが、後見活動に必要な専門的相談機関につながる。
- 後見活動をしていく中ではさまざまな問題に向き合うことになります。家庭裁判所のほか、弁護士・司法書士等の法律家、税理士や財産管理の専門家、福祉・医療サービスの特に相談員とかソーシャルワーカー、居住地についてなんでも相談できる地域包括支援センター等、必要に応じて相談やアドバイスを求めることのできる機関等をもったり、押さえどころを理解しておきましょう。
- 市民後見人の場合、これらを所属のサポート機関を通して行えます。

○本人を中心においた支援のネットワークをつくり参加する。
- 公的な福祉サービスや介護保険制度等による支援関係者、施設関係者・小回りが利き、サービスのすき間を埋めてくれるような民間の事業者等、長時間相手をしてくれるヘルパーや介護タクシー等々
- 家族・親族、友人や趣味仲間等、もともとの縁でかかわりを期待できる人
- 家族会や身守りネットワーク等地域でのつながりや、大学等のボランティアグループ等、日常的な支援が期待できる人

すでにできているネットワークには積極的に参加して、後見人の役割を説明し、できることできないことも説明しておきましょう。本人の抱

える生活課題については、さまざまな機関や関係者がかかわり支援を提供しています。それらの人々はネットワークを形成し、キーパーソンとなる人が決められていたり、ケア会議を開催したりしています。ネットワークやケア会議は、本人の参加が不可欠といわれています。成年後見人は、本人の代理人としてネットワークに参加することが必要ですし、代理権のある後見人が参加することによって本人支援のネットワークを強化することができます。

→ ストーリー1 エピソード①、ストーリー3 エピソード②③④、
　ストーリー4 エピソード②、ストーリー5 エピソード①、
　コラム7 連携すべき福祉専門職を知ろう 参照

しかし、ネットワークに判断等すべてを任せてしまうことは適切ではありません。

ネットワークに参加していても、後見人は本人意思を代弁する本人の代理人であり、単なる一員ではありません。ネットワークに参加する支援者達とできるだけ協力し連携していくのではあっても、最終的には本人の法的代理人としてネットワークに異を唱えなければならない場合もありうるのです。ネットワークに参加し連携することは必要ですし大切ですが、本人の代理人としての立場の違いは自らがしっかり認識しておくことが必要です。

時々、「自分は福祉のことはよくわからないから、関係者にお任せします」と本人の終の棲みかになるかもしれない入所の判断や入所先までも関係者に任せきりの後見人がいます。依頼して情報や意見を集めることはできますが、判断し法的な手続をとれるのは本人と権限ある後見人だけであることを忘れずにいていただきたいと思います。

あとがき──特に市民後見人の方々に期待して

　人には、一人ひとり、その人なりの生き方や生活があり、好き嫌いもあれば楽しみもあるでしょう。それは、重度の知的障がいを持つ方であれ認知症の方であっても同じはずです。超高齢社会の中で、私もあなたもいずれ認知症の一人暮らしの高齢者になるかもしれません。

　成年後見人は、そのようなときに本人の法的な権利を守り、その方なりの人生の伴走者となるものです。

　私自身、高齢者で在宅生活をしていた方が認知症がでるなどで維持が難しくなり、施設等に移ってそこからまた入院、転院、そして最期を迎える……という人生の場面に、これまで何人も立ち会わせていただきました。身寄りがない方であれば、そのたびごとに医療や福祉や介護等の関係者は入れ替わります。しかし、成年後見人であれば、ずっと人生の最期まで伴走して、最善の利益を追求し法律行為として手続をすること等によって本人を代弁していくことができます。

　これまで成年後見の申立ては、本人のためというより財産争いや定期預金の取り崩しや自宅売却が必要だったりする状況の中で、周囲の方の都合で申立てがされることが多かったように思います。でも、実はそのような目に見えやすい「問題」は、きちんと代理人等がつくことで長くても何カ月かで解決できます。しかし、その後も本人の人生は続き、本人のための成年後見制度の真価は、それからこそ問われます。

　成年後見の申立ての際に一番考えてほしいのは、この本人の生活と人生です。その本人を、権利侵害から守るだけでなく、本人が手続もできない「声なき声」として無視されることなく、その意思や権利を守られて生活し人生を重ねることができるように支えたい。

　私の周りには、それぞれの職場等を通して現実に地域社会の中で個人

あとがき

が抱える困難を見て、「権利擁護が必要な方々を支えたい」と考えている仲間が何人もいます。今回、この本を書くことにかかわった方たちはその中の何人かで、彼らの存在なくしてこの本は生まれませんでした。

　後見人（成年後見人・保佐人・補助人）に資格は問わないと言いました。私は、後見人は、社会福祉士や法律家でなくて、市民にも担っていただけるものと考えています。

　ただ、「役に立ちたい」という自分の思いだけでなく、しっかりとした研修を受け、後見人としての立ち位置や姿勢を確認し倫理を常に問うことが必要です。権限をもってしまうことは、人一人の人生を容易に支配してしまうことにつながるからです。

　また、本人の抱えている課題はさまざまですから、法律や社会福祉の専門知識の面等でバックアップやサポートを受けられる体制も必要です。被後見人（成年被後見人・被保佐人・被補助人）本人もそして後見人も安心できる体制づくりが大切なのです。

　しかし、まず「思い」があるところからしか始まりません。

　法もサービスもお金もただあるだけでは、本人のために使えず「最善の利益」につながりません。人を支えるのは「人」です。

　志をもっていらっしゃる多くの方々に本書が役に立ち、また勇気を与えるものになることを心から願っています。

　最後に、もう何年も前から、この企画を温め成年後見制度の身上監護の重要性を認めて出版を促してくださっていた、民事法研究会の田中敦司さんに心から感謝を申し上げたいと思います。

池田　惠利子

●編者所在地●

公益社団法人　あい権利擁護支援ネット

〒182-0035　東京都調布市上石原 2 - 22 - 3

TEL 042-486-5501　／　FAX 042-488-4362

メールアドレス　i-advocacynet@athena.ocn.ne.jp

ホームページ　　http://i-advocacy.net

（＊平成23年4月1日より、いけだ後見支援ネットは、一般社団法人あい権利擁護支援ネットに変わり、平成24年7月1日に公益社団法人に認定されました）

●執筆者一覧●

池田　惠利子（いけだ　えりこ）

［編者・公益社団法人あい権利擁護支援ネット代表理事］

　低所得者や身寄りのない方への権利擁護活動として苦情申立てや後見人活動、オンブズマン等に取り組む独立型社会福祉士。法務省法制審議会民法部会成年後見小委員会参考人に。その後「ぱあとなあ」の設立に関与。日本成年後見法学会副理事長。内閣府成年後見制度利用促進委員会臨時委員。

青木　史歩（あおき　しほ）

　特別養護老人ホームの相談員、高齢者問題についての研究所、弁護士事務所等での勤務経験あり。現在は成年後見人として活動しながら、公益社団法人あい権利擁護支援ネットの事務を担当。

久保木　一茂（くぼき　かずしげ）
　地域福祉権利擁護事業(現：日常生活自立支援事業)に長くかかわり、成年後見も早期より受任。現在は農業との兼業で汗を流す。

小嶋　珠実（こじま　たまみ）
　臨床心理士として知的・発達障害者の評価・相談にかかわる。成年後見人のほか、障害者施設・相談機関のスーパーバイザー、大学・専門学校などの講師として活動。

田中　真由美（たなか　まゆみ）
　医療法人にて医療相談員・在宅介護支援センター相談員等を経験。現在は公益社団法人あい権利擁護支援ネットの事務を担当。

堀江　香（ほりえ　かおり）
　在宅介護支援センターでの勤務経験あり。現在はボランティアで相談活動を続ける中、成年後見人等、地域での活動範囲を広げている。

三宅　嘉之（みやけ　よしゆき）
　民間企業を定年退職後、社会福祉士資格を取得。簡易裁判所調停委員も務めながらヘルパーとしても活躍中。

　　　　　　　　（執筆者は編者を除き五十音順。平成26年1月現在）

エピソードで学ぶ成年後見人

平成22年10月 5 日　第 1 刷発行
平成29年 4 月11日　第 4 刷発行

　　　　　　　　　　　　　　　　　定価　本体 1,400円＋税

編　者　池田惠利子
　　　　公益社団法人　あい権利擁護支援ネット
発　行　株式会社　民事法研究会
印　刷　藤原印刷株式会社

発行所　　株式会社　民事法研究会
　　　　〒150-0013　東京都渋谷区恵比寿 3 - 7 -16
　　　　〔営業〕☎03-5798-7257　FAX03-5798-7258
　　　　〔編集〕☎03-5798-7277　FAX03-5798-7278
　　　　　　http://www.minjiho.com/　　info@minjiho.com

カバーデザイン／袴田峯男　ISBN978-4-89628-640-3 C2036 ¥1400E
組版／民事法研究会（Windows7 64bit+EdicolorVer9+MotoyaFont etc.）
落丁・乱丁はおとりかえします。